梁启超 著

清代学术概论

（外一种：论中国学术思想变迁之大势）

新校本

九州出版社 JIUZHOUPRESS ｜全国百佳图书出版单位　台海出版社

图书在版编目（CIP）数据

清代学术概论 ：外一种 ：论中国学术思想变迁之大
势 ：新校本 ／（清）梁启超著. -- 北京 ：九州出版社，
2025. 5. -- ISBN 978-7-5225-3934-8

Ⅰ．B249

中国国家版本馆CIP数据核字第2025QU5023号

清代学术概论（外一种：论中国学术思想变迁之大势）：新校本

作　　者	梁启超　著
责任编辑	王　佶
出版发行	九州出版社
地　　址	北京市西城区阜外大街甲 35 号（100037）
发行电话	（010）68992190/3/5/6
网　　址	www.jiuzhoupress.com
印　　刷	鑫艺佳利（天津）印刷有限公司
开　　本	880 毫米 ×1230 毫米　32 开
印　　张	8.125
字　　数	182 千字
版　　次	2025 年 6 月第 1 版
印　　次	2025 年 6 月第 1 次印刷
书　　号	ISBN 978-7-5225-3934-8
定　　价	46.00 元

出版说明

　　"吾生也有涯，而知也无涯"，近世以来，学术发展迅速，成果蔚然大观。为读者出版一套优质的人文社科经典著作，是我们出版人的责任。为此，我社系统梳理近代以来中国学术史，优中选优，出版这套"大家丛书"。

　　在版本选择上，我们甄选现存版本中校勘精良、内容完备的本子为底本；又组建专业编校团队，对每部著作精心整理。凡遇疑误之处，必参校多个重要版本互相比对，并查阅相关史料文献，审慎订正。

　　丛书装帧设计典雅大方，既便于阅读，又适宜收藏，希望得到广大读者的认可。

九州出版社

清代学术概论

序

　　方震编《欧洲文艺复兴史》既竣，乃征序于新会，而新会之序，量与原书埒，则别为《清学概论》，而复征序于震。震惟由复古而得解放，由主观之演绎进而为客观之归纳，清学之精神，与欧洲之文艺复兴，实有同调者焉。虽然，物质之进步，迟迟至今日，虽当世士大夫大声以倡科学，而迄今乃未有成者，何也？

　　且吾于清学发达之历史中亦有数疑问：

　　一、耶稣会挟其科学东来，适当明清之际，其注意尤在君主及上流人，明之后、清之帝皆是也。清祖康熙，尤喜其算，测地量天，浸浸乎用之实地矣。循是以发达，则欧学自能逐渐输入，顾何以康熙以后，截然中辍，仅余天算，以维残垒？

　　二、致用之学，自亭林以迄颜、李，当时几成学者风尚。夫致用云者，实际于民生有利之谓也，循是以往，亦物质发达之门，顾何以方向转入于经典考据者，则大盛，而其余独不发达，至高者，勉为附庸而已？

　　三、东原理欲之说震古铄今，此真文艺复兴时代个人享乐之精神也。"遏欲之害，甚于防川"，兹言而在中国，岂非奇创？

顾此说独为当时所略视，不惟无赞成者，且并反对之声而不扬，又何故？

四、迨至近世，震于船坚炮利，乃设制造局，译西书，送学生，振振乎有发达之势矣。顾今文学之运动，距制造局之创设，后二十余年，何以通西文者，无一人能参加此运动？而变法、维新、立宪、革命之说起，则天下翕然从之，夺格致化学之席，而纯正科学，卒不扬？

此其原因有原于政治之趋势者。清以异族，入主中夏，致用之学必遭时忌，故借朴学以自保。此其一也。康熙末年，诸王相竞，耶稣会党太子，喇嘛党雍正（此言夏穗卿先生为我言之），既失败于外，又遭谗于罗马，而传教一事乃竟为西学输入之一障害。此其二也。有原于社会之风尚者。民族富于调和性，故欧洲之复古为冲突的，而清代之复古，虽抨击宋学，而凭圣经以自保，则一变为继承的，而转入于调和，轮廓不明了，此科学之大障也。此其三。民族尚谈玄，艺术一途，社会上等诸匠人，而谈空说有者，转足以自尊。此其四。今时局机运稍稍变矣，天下方竞言文化事业，而社会之风尚，犹有足以为学术之大障者，则受外界经济之影响，实利主义兴，多金为上，位尊次之，而对于学者之态度，则含有迁远不适用之意味。而一方则谈玄之风犹未变，民治也，社会也，与变法维新立宪革命等是一名词耳，有以异乎？无以异乎？此则愿当世君子有以力矫之矣。

民国十年正月二日　蒋方震

自　序

（一）吾著此篇之动机有二。其一，胡适语我：晚清"今文学运动"，于思想界影响至大，吾子实躬与其役者，宜有以纪之。其二，蒋方震著《欧洲文艺复兴时代史》新成，索余序，吾觉泛泛为一序，无以益其善美，计不如取吾史中类似之时代相印证焉，庶可以校彼我之短长而自淬厉也。乃与约，作此文以代序。既而下笔不能自休，遂成数万言，篇幅几与原书埒。天下古今，固无此等序文。脱稿后，只得对于蒋书宣告独立矣。

（二）余于十八年前，尝著《中国学术思想变迁之大势》，刊于《新民丛报》，其第八章论清代学术，章末结论云：

> 此二百余年间总可命为中国之"文艺复兴时代"，特其兴也，渐而非顿耳。然固俨然若一有机体之发达，至今日而葱葱郁郁，有方春之气焉。吾于我思想界之前途，抱无穷希望也。

又云：

　　有清学者，以实事求是为学鹄，饶有科学的精神，而更辅以分业的组织。

又云：

　　有清二百余年之学术，实取前此二千余年之学术，倒卷而缫演之，如剥春笋，愈剥而愈近里；如啖甘蔗，愈啖而愈有味；不可谓非一奇异之现象也。此现象谁造之？曰：社会周遭种种因缘造之。

　　余今日之根本观念，与十八年前无大异同。惟局部的观察，今视昔似较为精密。

　　且当时多有为而发之言，其结论往往流于偏至。——故今全行改作，采旧文者什一二而已。

　　（三）有清一代学术，可纪者不少，其卓然成一潮流，带有时代运动的色彩者，在前半期为"考证学"，在后半期为"今文学"，而今文学又实从考证学衍生而来。故本篇所记述，以此两潮流为主，其他则附庸耳。

　　（四）"今文学"之运动，鄙人实为其一员，不容不叙及。本篇纯以超然客观之精神论列之，即以现在执笔之另一梁启超，批评三十年来史料上之梁启超也。其批评正当与否，吾不敢知。吾惟对于史料上之梁启超力求忠实，亦如对于史料上之他人之力求忠实而已矣。

　　（五）篇中对于平生所极崇拜之先辈，与夫极尊敬之师友，皆直书其名，不用别号，从质家言，冀省读者脑力而已。

　　（六）自属稿至脱稿，费十五日，稿成即以寄《改造杂志》

应期出版，更无余裕复勘，舛漏当甚多，惟读者教之。

民国九年十月十四日　启超识

第二自序

（一）此书成后，友人中先读其原稿者数辈，而蒋方震、林志钧、胡适三君，各有所是正，乃采其说增加三节，改正数十处。三君之说，不复具引，非敢掠美，为行文避枝蔓而已。丁敬礼所谓"后世谁相知定吾文者耶"，谨记此以志谢三君。

（二）久抱著《中国学术史》之志，迁延未成。此书既脱稿，诸朋好益相督责，谓当将清代以前学术一并论述，庶可为向学之士省精力，亦可唤起学问上兴味也。于是决意为之，分为五部：其一，先秦学术；其二，两汉六朝经学及魏晋玄学；其三，隋唐佛学；其四，宋明理学；其五，则清学也。今所从事者则佛学之部，名曰《中国佛学史》，草创正半。欲以一年内成此五部，能否未敢知，勉自策厉而已。故此书遂题为"中国学术史第五种"。

（三）本书属稿之始，本为他书作序，非独立著一书也，故其体例不自惬者甚多。既已成编，即复怠于改作，故不名曰《清代学术史》，而名曰《清代学术概论》，因著史不能若是之简陋也。五部完成后，当更改之耳。

九年十一月二十九日　启超记

一

今之恒言，曰"时代思潮"，此其语最妙于形容。凡文化发展之国，其国民于一时期中，因环境之变迁，与夫心理之感召，不期而思想之进路，同趋于一方向，于是相与呼应汹涌，如潮然。始焉其势甚微，几莫之觉；浸假而涨——涨——涨，而达于满度；过时焉则落，以渐至于衰熄。凡"思"非皆能成"潮"，能成"潮"者，则其"思"必有相当之价值，而又适合于其时代之要求者也。凡"时代"非皆有"思潮"，有思潮之时代，必文化昂进之时代也。其在我国，自秦以后，确能成为时代思潮者，则汉之经学，隋唐之佛学，宋及明之理学，清之考证学，四者而已。

凡时代思潮，无不由"继续的群众运动"而成。所谓运动者，非必有意识、有计划、有组织，不能分为谁主动、谁被动。其参加运动之人员，每各不相谋，各不相知。其从事运动时所任之职役，各各不同，所采之手段亦互异。于同一运动之下，往往分无数小支派，甚且相嫉视相排击。虽然，其中必有一种或数种之共通观念焉，同根据之为思想之出发点。此种观念之势力，初时本甚微弱，愈运动则愈扩大，久之则成为一种权威。此观念者，在其时代中，俨然"现宗教之色彩"。一部分人，以宣传捍卫为己任，常以极纯洁之牺牲的精神赴之。及其权威渐立，则在社会上成为一种公共之好尚，忘其所以然，而共以此为嗜，若此者，今之译语，谓之"流行"，古之成语，则曰"风气"。风气者，一时的信仰也，人鲜敢婴之，亦不乐婴之，其性质几比宗教矣。一思潮播为风气，则其成熟之时也。

佛说一切流转相，例分四期，曰生、住、异、灭。思潮之流转也正然，例分四期：一、启蒙期（生），二、全盛期（住），三、蜕分期（异），四、衰落期（灭）。无论何国何时代之思潮，其发展变迁，多循斯轨。启蒙期者，对于旧思潮初起反动之期也。旧思潮经全盛之后，如果之极熟而致烂，如血之凝固而成瘀，则反动不得不起。反动者，凡以求建设新思潮也。然建设必先之以破坏，故此期之重要人物，其精力皆用于破坏，而建设盖有所未遑。所谓未遑者，非阁置之谓。其建设之主要精神，在此期间必已孕育，如史家所谓"开国规模"者然。虽然，其条理未确立，其研究方法正在间错试验中，弃取未定，故此期之著作，恒驳而不纯，但在涫乱粗糙之中，自有一种元气淋漓之象。此启蒙期之特色也，当佛说所谓"生"相。于是进为全盛期。破坏事业已告终，旧思潮屏息慑伏，不复能抗颜行，更无须攻击防卫以糜精力。而经前期酝酿培灌之结果，思想内容，日以充实；研究方法，亦日以精密；门户堂奥，次第建树，继长增高，"宗庙之美，百官之富"，粲然矣。一世才智之士，以此为好尚，相与淬厉精进；阘冗者犹希声附和，以不获厕于其林为耻。此全盛期之特色也，当佛说所谓"住"相。更进则入于蜕分期。境界国土，为前期人士开辟殆尽，然学者之聪明才力，终不能无所用也，只得取局部问题，为"窄而深"的研究，或取其研究方法，应用之于别方面，于是派中小派出焉。而其时之环境，必有以异乎前。晚出之派，进取气较盛，易与环境顺应，故往往以附庸蔚为大国，则新衍之别派与旧传之正统派成对峙之形势，或且骎骎乎夺其席。此蜕分期之特色也，当佛说所谓"异"相。过此以往，则衰落期至焉。凡一学派当全盛之后，社会中希附末光者日众，陈陈相因，固已可厌。其时此派中精要之义，则先辈已浚发无余，承其流者，不过捃摭末节以弄诡辩；且支派分裂，排轧随之，益自暴露其缺点。环境既已变易，社会需要，别转一方向，而犹欲以全盛期之权威临之，则稍有志者必不乐受，而豪杰之士，欲创新必先推旧，遂以彼为破坏之目标。于是入于第二思潮之启蒙期，而此思潮遂告终焉。此衰落期无可逃避之运命，当佛说所谓"灭"相。

吾观中外古今之所谓"思潮"者，皆循此历程以递相流转，而有清三百年，则其最切著之例证也。

二

　　"清代思潮"果何物耶？简单言之，则对于宋明理学之一大反动，而以"复古"为其职志者也。其动机及其内容，皆与欧洲之"文艺复兴"绝相类。而欧洲当"文艺复兴期"经过以后所发生之新影响，则我国今日正见端焉。其盛衰之迹，恰如前节所论之四期。

　　其启蒙运动之代表人物，则顾炎武、胡渭、阎若璩也。其时正值晚明王学极盛而敝之后，学者习于"束书不观，游谈无根"，理学家不复能系社会之信仰。炎武等乃起而矫之，大倡"舍经学无理学"之说，教学者脱宋明儒羁勒，直接反求之于古经；而若璩辨伪经，唤起"求真"观念；渭攻"河洛"，扫架空说之根据：于是清学之规模立焉。同时对于明学之反动，尚有数种方向。其一，颜元、李塨一派，谓"学问固不当求诸冥想，亦不当求诸书册，惟当于日常行事中求之"。而刘献廷以孤往之姿，其得力处亦略近于此派。其二，黄宗羲、万斯同一派，以史学为根据，而推之于当世之务。顾炎武所学，本亦具此精神。而黄、万辈规模之大不逮顾，故专向此一方面发展。同时顾祖禹之学，亦大略同一径路。其后则衍为全祖望、章学诚等，于清学为别派。其三，王锡阐、梅文鼎一派，专治天算，开自然科学之端绪焉。此诸派者，其研究学问之方法，皆与明儒根本差异。除颜、李一派中绝外，其余皆有传于后。而顾、阎、胡"尤为正统派"不祧之大宗。其犹为旧学（理学）坚守残垒、效死勿去者，则有孙奇逢、李中孚、陆世仪等，而其学风已由明而渐返于宋。即诸新学家，其思想中，留宋人之痕迹犹不少。故此期之复古，可谓由明以复于宋，且渐复于汉唐。

其全盛运动之代表人物，则惠栋、戴震、段玉裁、王念孙、王引之也，吾名之曰正统派。试举启蒙派与正统派相异之点：一、启蒙派对于宋学，一部分猛烈攻击，而仍因袭其一部分；正统派则自固壁垒，将宋学置之不议不论之列。二、启蒙派抱通经致用之观念，故喜言成败得失经世之务；正统派则为考证而考证，为经学而治经学。正统派之中坚，在皖与吴。开吴者惠，开皖者戴。惠栋受学于其父士奇，其弟子有江声、余萧客，而王鸣盛、钱大昕、汪中、刘台拱、江藩等皆汲其流。戴震受学于江永，亦事栋以先辈礼。震之在乡里，衍其学者，有金榜、程瑶田、凌廷堪、三胡——匡衷、培翚、春乔——等。其教于京师，弟子之显者，有任大椿、卢文弨、孔广森、段玉裁、王念孙，念孙以授其子引之。玉裁、念孙、引之最能光大震学，世称戴、段、二王焉。其实清儒最恶立门户，不喜以师弟相标榜。凡诸大师皆交相师友，更无派别可言也。惠、戴齐名，而惠尊闻好博，戴深刻断制。惠仅"述者"，而戴则"作者"也。受其学者，成就之大小亦因以异。故正统派之盟主必推戴。当时学者承流向风各有建树者，不可数计，而阮元、王昶、纪昀、毕沅辈，皆处贵要，倾心宗尚，隐若护法，于是兹派称全盛焉。其治学根本方法，在"实事求是""无征不信"。其研究范围，以经学为中心，而衍及小学、音韵、史学、天算、水地、典章制度、金石、校勘、辑逸等等。而引证取材，多极于两汉，故亦有"汉学"之目。当斯时也，学风殆统于一。启蒙期之宋学残绪，亦莫能续，仅有所谓古文家者，假"因文见道"之名，欲承其祧，时与汉学为难，然志力两薄，不足以张其军。

其蜕分期运动之代表人物，则康有为、梁启超也。当正统派全盛时，学者以专经为尚，于是有庄存与，始治《春秋公羊传》有心得，而刘逢禄、龚自珍最能传其学。《公羊传》者，"今文学"也。东汉时，本有今文古文之争，甚烈。《诗》之《毛传》，《春秋》之《左传》，及《周官》，皆晚出，称古文，学者不信之。至汉末而古文学乃盛。自阎若璩攻伪古文《尚书》得胜，渐开学者疑经之风。于是刘逢禄大疑《春秋左氏传》，魏源大疑《诗毛氏传》，若《周官》，则宋以来固多疑之矣。康有为乃综集诸家说，严划今古文分野，谓凡东汉晚出之古文经传，皆刘歆所伪造。正统派所最尊崇之许、郑，皆在所排击。则所谓复古者，由东汉以复于西汉。有为又宗《公羊》，立"孔子改制"说，谓六经皆孔子所作，尧舜皆孔子依托，而先秦诸子，亦罔不"托古改制"。实极大胆之论，对于数千年经籍谋一突飞的大解放，以开自由研究之门。其弟子最著者，陈千秋、梁启超。千秋早卒，启超以教授著述，大弘其学。然启超与正统派因缘较深，时时不慊于其师之武断，故末流多有异同。有为、启超皆抱启蒙期"致用"的观念，借经术以文饰其政论，颇失"为经学而治经学"之本意，故其业不昌，而转成为欧西思想输入之导引。

清学之蜕分期，同时即其衰落期也。顾、阎、胡、惠、戴、段、二王诸先辈，非特学识渊粹卓绝，即行谊亦至狷洁。及其学既盛，举国希声附和，浮华之士亦竞趋焉，固已渐为社会所厌。且兹学荦荦诸大端，为前人发挥略尽，后起者率因袭补苴，无复创作精神，即有发明，亦皆末节，汉人所谓碎义逃难也。而其人犹自倨贵，俨成一种"学阀"之观。今古文之争起，互相诋諆，缺点益暴露。海通以还，外学输入，学子憬然于竺旧之非计，相率吐弃之，其命运自不能以复久延。然在此期中，犹有一二大师焉，为正统派死守最后之壁垒，曰俞樾，曰孙诒让，皆得统于高邮王氏。樾著书，惟二三种独精绝，余乃类无行之袁枚，亦衰落期之一征也。诒让则有醇无疵，得此后殿，清学有光矣。樾弟子有章炳麟，智过其师，然亦以好谈政治，稍荒厥业。而绩溪诸胡之后有胡适者，亦用清儒方法治学，有正统派遗风。

综观二百余年之学史，其影响及于全思想界者，一言蔽之，曰"以复古为解放"。第一步，复宋之古，对于王学而得解放。第二步，复汉唐之古，对于程朱而得解放。第三步，复西汉之古，对于许、郑而得解放。第四步，复先秦之古，对于一切传注而得解放。夫既已复先秦之古，则非至对于孔孟而得解放焉不止矣。然其所以能著著奏解放之效者，则科学的研究精神实启之。今清学固衰落矣，"四时之运，成功者退"，其衰落乃势之必然，亦事之有益者也，无所容其痛惜留恋。惟能将此研究精神转用于他方向，则清学亡而不亡也矣。

略论既竟，今当分说各期。

三

　　吾言"清学之出发点，在对于宋明理学一大反动"。夫宋明理学何为而招反动耶？学派上之"主智"与"主意"，"唯物"与"唯心"，"实验"与"冥证"，每迭为循环。大抵甲派至全盛时必有流弊，有流弊斯有反动，而乙派与之代兴。乙派之由盛而弊而反动亦然。然每经一度之反动再兴，则其派之内容，必革新焉而有以异乎其前。人类德慧智术之所以进化，胥恃此也。此在欧洲三千年学术史中，其大势最著明，我国亦不能违此公例，而明清之交，则其嬗代之迹之尤易见者也。

　　唐代佛学极昌之后，宋儒采之，以建设一种"儒表佛里"的新哲学，至明而全盛。此派新哲学，在历史上有极大之价值，自无待言。顾吾辈所最不慊者，其一，既采取佛说而损益之，何可讳其所自出，而反加以丑诋。其二，所创新派既并非孔孟本来面目，何必附其名而淆其实。是故吾于宋明之学，认其独到且有益之处确不少，但对于其建设表示之形式，不能曲恕，谓其既诬孔，且诬佛，而并以自诬也。明王守仁为兹派晚出之杰，而其中此习气也亦更甚，即如彼所作《朱子晚年定论》，强指不同之朱陆为同，实则自附于朱，且诬朱从我。此种习气，为思想界之障碍者有二。一曰遏抑创造。一学派既为我所自创，何必依附古人以为重？必依附古人，岂非谓生古人后者便不应有所创造耶？二曰奖厉虚伪。古人之说诚如是，则宗述之可也；并非如是，而以我之所指者实之，此无异指鹿为马，淆乱真相，于学问为不忠实。宋明学之根本缺点在于是。

进而考其思想之本质，则所研究之对象，乃纯在绍绍灵灵不可捉摸之一物。少数俊拔笃挚之士，曷尝不循此道而求得身心安宅？然效之及于世者已鲜，而浮伪之辈，摭拾虚辞以相夸煽，乃甚易易。故晚明"狂禅"一派，至于"满街皆是圣人"，"酒色财气不碍菩提路"，道德且堕落极矣。重以制科帖括，笼罩天下，学者但习此种影响因袭之谈，便足以取富贵，弋名誉，举国靡然化之，则相率于不学，且无所用心。故晚明理学之弊，恰如欧洲中世纪黑暗时代之景教。其极也，能使人之心思耳目皆闭塞不用，独立创造之精神，消蚀达于零度。夫人类之有"学问欲"，其天性也。"学问饥饿"至于此极，则反动其安得不起？

四

当此反动期而从事于"黎明运动"者，则昆山顾炎武其第一人也。炎武对于晚明学风，首施猛烈之攻击，而归罪于王守仁。其言曰：

> 今之君子，聚宾客门人数十百人，与之言心言性。舍"多学而识"，以求"一贯"之方，置"四海困穷"不言而讲"危微精一"，我弗敢知也。(《亭林文集·答友人论学书》)

又曰：

> 今之学者，偶有所窥，则欲尽废先儒之说而驾其上；不学则借一贯之言以文其陋，无行则逃之性命之乡以使人不可诘。(《日知录》十八)

又曰：

> 以一人而易天下，其流风至于百有余年之久者，古有

之矣，王夷甫之清谈，王介甫之新说；其在于今，则王伯安之良知是也。孟子曰："天下之生久矣，一治一乱。"拨乱世反诸正，岂不在后贤乎？（同上）

凡一新学派初立，对于旧学派，非持绝对严正的攻击态度，不足以摧故锋而张新军，炎武之排斥晚明学风，其锋芒峻露，大率类是。自兹以后，王学遂衰熄，清代犹有袭理学以为名高者，则皆自托于程朱之徒也。虽曰王学末流极敝，使人心厌倦，本有不摧自破之势，然大声疾呼以促思潮之转掓，则炎武最有力焉。

炎武未尝直攻程朱，根本不承认理学之能独立。其言曰：

古今安得别有所谓理学者？经学即理学也。自有舍经学以言理学者，而邪说以起。（全祖望《亭林先生神道表》引）

"经学即理学"一语，则炎武所创学派之新旗帜也。其正当与否，且勿深论。——以吾侪今日眼光观之，此语有两病。其一，以经学代理学，是推翻一偶像而别供一偶像。其二，理学即哲学也，实应离经学而为一独立学科。——虽然，有清一代学术，确在此旗帜之下而获一新生命。昔有非笑六朝经师者，谓"宁说周、孔误，不言郑、服非"。宋、元、明以来谈理学者亦然，宁得罪孔孟，不敢议周、程、张、邵、朱、陆、王。有议之者，几如在专制君主治下犯大不敬律也。而所谓理学家者，盖俨然成一最尊贵之学阀而奴视群学。自炎武此说出，而此学阀之神圣，忽为革命军所粉碎，此实四五百年来思想界之一大解放也。

　　凡启蒙时代之大学者，其造诣不必极精深，但常规定研究之范围，创革研究之方法，而以新锐之精神贯注之。顾炎武之在"清学派"，即其人也。炎武著述，其有统系的组织而手定成书者，惟《音学五书》耳。其《天下郡国利病书》《肇域志》，造端宏大，仅有长编，未为定稿。《日知录》为生平精力所集注，则又笔记备忘之类耳。自余遗书尚十数种，皆明单义，并非巨裁。然则炎武所以能当一代开派宗师之名者何在？则在其能建设研究之方法而已。约举有三：

　　一曰贵创。炎武之言曰："有明一代之人，其所著书，无非窃盗而已。"（《日知录》十八）其论著书之难，曰："必古人所未及就，后世之所不可无，而后为之。"（《日知录》十九）其《日知录》自序云："愚自少读书，有所得辄记之。其有不合，时复改定。或古人先我而有者，则遂削之。"故凡炎武所著书，可决其无一语蹈袭古人。其论文也亦然，曰："近代文章之病，全在摹仿，即使逼肖古人，已非极诣。"（《日知录》十九）又曰："君诗之病在于有杜，君文之病在于有韩、欧。有此蹊径于胸中，便终身不脱'依傍'二字。"（《亭林文集·与人书十七》）观此知摹仿依傍，炎武所最恶也。

　　二曰博证。《四库全书》"日知录提要"云："炎武学有本原，博赡而能贯通。每一事必详其始末，参以证佐，而后笔之于书，故引据浩繁，而抵牾者少。"此语最能传炎武治学法门。全祖望云："凡先生之游，载书自随。所至厄塞，即呼老兵退卒询其曲折，或与平日所闻不合，即发书而对勘之。"（《鲒埼亭集·亭林先生神道表》）盖炎武研学之要诀在是，论一事必举证，尤不以孤证自足，必取之甚博，证备然后自表其所信。其自述治音韵之学也，曰："……列本证、旁证二条。本证者，诗自相证也。旁证者，采之他书也。二者俱无，则宛转以审其音，参伍以谐其韵。……"（《音论》）此所用者，皆近世科学的研究法。乾嘉以还，学者固所共习，在当时则固炎武所自创也。

三曰致用。炎武之言曰："孔子删述六经，即伊尹、太公救民水火之心，故曰：'载诸空言，不如见诸行事。'……愚不揣，有见于此，凡文之不关于六经之指、当时之务者，一切不为。"（《亭林文集·与人书三》）彼诚能践其言，其终身所撰著，盖不越此范围。其所谓"用"者，果真为有用与否，此属别问题。要之，其标"实用主义"以为鹄，务使学问与社会之关系增加密度，此实对于晚明之帖括派、清谈派施一大针砭。清代儒者以朴学自命，以示别于文人，实炎武启之。最近数十年以经术而影响于政体，亦远绍炎武之精神也。

五

汪中尝拟为《国朝六儒颂》,其人则昆山顾炎武、德清胡渭、宣城梅文鼎、太原阎若璩、元和惠栋、休宁戴震也。其言曰:"古学之兴也,顾氏始开其端。河洛矫诬,至胡氏而绌。中西推步,至梅氏而精。力攻古文者,阎氏也。专言汉儒《易》者,惠氏也。凡此皆千余年不传之绝学,及戴氏出而集其成焉。"(凌廷堪《校礼堂集·汪容甫墓志铭》)其所推挹盖甚当,六君者洵清儒之魁也。然语于思想界影响之巨,则吾于顾、戴之外,独推阎、胡。

阎若璩之所以伟大,在其《尚书古文疏证》也,胡渭之所以伟大,在其《易图明辨》也,汪中则既言之矣。夫此两书所研究者,皆不过局部问题,曷为能影响于思想界之全部?且其书又不免漏略芜杂,为后人所纠者不少。——阮元辑《学海堂经解》,两书皆摈不录。——曷为推尊之如是其至?吾固有说。

《尚书古文疏证》,专辨东晋晚出之古文《尚书》十六篇及同时出现之孔安国《尚书传》皆为伪书也。此书之伪,自宋朱熹、元吴澄以来,既有疑之者。顾虽积疑,然有所惮而莫敢断。自若璩此书出而谳乃定。夫辨十数篇之伪书,则何关轻重?殊不知此伪书者,千余年来,举国学子人人习之,七八岁便都上口，心目中恒视为神圣不可侵犯；历代帝王，经筵日讲，临轩发策，咸所依据尊尚。毅然悍然辞而辟之，非天下之大勇，固不能矣。自汉武帝表章六艺、罢黜百家以来，国人之对于六经，只许征引，只许解释，不许批评研究。韩愈所谓"曾经圣人手，议论安敢到？"若对于经文之一字一句稍涉疑议，便自觉陷于"非圣无法"，蹙然不自安于其良心，非特畏法网、惮清议而已。凡事物之含有宗教性者，例不许作为学问上研究之问题。一作为问题，其神圣之地位固已摇动矣！今不唯成为问题而已，而研究之结果，乃知畴昔所共奉为神圣者，其中一部分实粪土也，则人心之受刺激起惊愕而生变化，宜何如者？盖自兹以往，而一切经文，皆可以成为研究之问题矣。再进一步，而一切经义，皆可以成为研究之问题矣。以旧学家眼光观之，直可指为人心世道之忧。——当时毛奇龄著《古文尚书冤词》以难阎，自比于抑洪水驱猛兽。光绪间有洪良品者，犹著书数十万言，欲翻阎案，意亦同此。——以吾侪今日之眼光观之，则诚思想界之一大解放。后此今古文经对待研究，成为问题；六经诸子对待研究，成为问题；中国经典与外国宗教哲学诸书对待研究，成为问题；其最初之动机，实发于此。

胡渭之《易图明辨》，大旨辨宋以来所谓《河图》《洛书》者，传自邵雍。雍受诸李之才，之才受诸道士陈抟，非羲、文、周、孔所有，与《易》义无关。此似更属一局部之小问题，吾辈何故认为与阎书有同等之价值耶？须知所谓"无极""太极"，所谓《河图》《洛书》，实组织"宋学"之主要根核。宋儒言理、言气、言数、言命、言心、言性，无不从此衍出。周敦颐自谓"得不传之学于遗经"，程朱辈祖述之，谓为道统所攸寄，于是占领思想界五六百年，其权威几与经典相埒。渭之此书，以《易》

还诸羲、文、周、孔，以《图》还诸陈、邵，并不为过情之抨击，而宋学已受"致命伤"。自此，学者乃知宋学自宋学，孔学自孔学，离之双美，合之两伤。（此胡氏自序中语）自此，学者乃知欲求孔子所谓真理，舍宋人所用方法外，尚别有其途。不宁唯是，我国人好以"阴阳五行"说经说理，不自宋始，盖汉以来已然。一切惑世诬民汩灵窒智之邪说邪术，皆缘附而起。胡氏此书，乃将此等异说之来历，和盘托出，使其不复能依附经训以自重，此实思想之一大革命也。

欧洲十九世纪中叶，英人达尔文之《种源论》，法人雷能之《耶稣基督传》，先后两年出版，而全欧思想界为之大摇，基督教所受影响尤剧。夫达尔文自发表其生物学上之见解，于教宗何与，然而被其影响者，教义之立脚点破也。雷能之传，极推挹基督，然反损其信仰者，基督从来不成为学问上之问题，自此遂成为问题也。明乎此间消息，则阎、胡两君之书，在中国学术史上之价值，可以推见矣。

若论清学界最初之革命者，尚有毛奇龄其人。其所著《河图原舛编》《太极图说遗议》等，皆在胡渭前，后此清儒所治诸学，彼亦多引其绪。但其言古音则诋顾炎武，言《尚书》则诋阎若璩，故汉学家桃之不宗焉。全祖望为《毛西河别传》，谓"其所著书，有造为典故以欺人者，有造为师承以示人有本者，有前人之误已经辨正，尚袭其误而不知者，有信口臆说者，有不考古而妄言者，有前人之言本有出而妄斥为无稽者，有改古书以就己者"。祖望于此诸项，每项举一条为例，更著有《萧山毛氏纠缪》十卷。平心论之，毛氏在启蒙期，不失为一冲锋陷阵之猛将，但于"学者的道德"缺焉，后儒不宗之宜耳。

同时有姚际恒者，其怀疑精神极炽烈，疑古文《尚书》，疑《周礼》，疑《诗序》，乃至疑《孝经》，疑《易传》十翼。其所著诸经《通论》未之见，但其《古今伪书考》，列举经史子部疑伪之书共数十种，中固多精凿之论也。

六

　　吾于清初大师，最尊顾、黄、王、颜，皆明学反动所产也。顾为正统派所自出，前既论列，今当继述三子者。

　　余姚黄宗羲，少受学于刘宗周，纯然明学也。中年以后，方向一变，其言曰："明人讲学，袭语录糟粕，不以六经为根柢，束书而从事于游谈，更滋流弊，故学者必先穷经。然拘执经术，不适于用，欲免迂儒，必兼读史。"（《清史·黄宗羲传》）又曰："读书不多，无以证理之变化。多而不求于心，则为俗学。"（全祖望《鲒埼亭集·黄梨洲先生神道碑》）大抵清代经学之祖推炎武，其史学之祖当推宗羲。所著《明儒学案》，中国之有"学术史"自此始也。又好治天算，著书八种，全祖望谓"梅文鼎本《周髀》言天文，世惊为不传之秘，而不知宗羲实开之"。其《律吕新义》，开乐律研究之绪。其《易学象数论》，与胡渭《易图明辨》互相发明。其《授书随笔》，则答阎若璩问也。故阎、胡之学，皆受宗羲影响。其他学亦称是。

　　清初之儒，皆讲"致用"，所谓"经世之务"是也。宗羲以史学为根柢，故言之尤辩。其最有影响于近代思想者，则《明夷待访录》也，其言曰：

后之为君者，以天下之利尽归于己，天下之害尽归于人。……使天下之人，不敢自私，不敢自利，以我之大私为天下之公。……视天下为莫大之产业，……凡天下之无地而得安宁者，为有君也。……天下之人，怨恶其君，视之为寇仇，名之为独夫，固其所也。而小儒规规焉以君臣之义无所逃于天地之间，至桀纣之暴犹谓不当诛。……欲以如父如天之空名，禁人窥伺。（《原君》）

又曰：

后之人主，既得天下，唯恐其子孙之不能保有也，思患于未然而为之法。然则其所谓法者，一家之法，而非天下之法也。……夫非法之法，前王不胜其利欲之私以创之，后王或不胜其利欲之私以坏之，坏之者固足以害天下，其创之者亦未始非害天下也。……论者谓有治人无治法，吾谓有治法而后有治人。（《原法》）

此等论调，由今日观之，固甚普通甚肤浅，然在二百六七十年前，则真极大胆之创论也。故顾炎武见之而叹，谓"三代之治可复"。而后此梁启超、谭嗣同辈倡民权共和之说，则将其书节抄，印数万本，秘密散布，于晚清思想之骤变，极有力焉。

清代史学极盛于浙，鄞县万斯同最称首出。斯同则宗羲弟子也。唐以后之史，皆官家设局分修，斯同最非之，谓："官修之史，仓猝成于众人，犹招市人与谋室中之事。"（钱大昕《潜研堂集·万季野先生传》）以独力成《明史稿》，论者谓迁、固以后一人而已。其后斯同同县有全祖望，亦私淑宗羲，言"文献学"者宗焉。会稽有章学诚，著《文史通义》，学识在刘知几、郑樵上。

衡阳王夫之，生于南荒，学无所师承，且国变后遁迹深山，与一时士夫不相接，故当时无称之者。然亦因是戛戛独有所造。其攻王学甚力，尝曰："侮圣人之言，小人之大恶也。……姚江之学，横拈圣言之近似者，摘一句一字以为要妙，窜入其禅宗，尤为无忌惮之至。"（《俟解》）又曰："数传之后，愈徇迹而忘其真，或以钩考文句，分支配拟为穷经之能，仅资场屋射覆之用，其偏者以臆测度，趋入荒杳。"（《中庸补传衍》）《遗书》中此类之论甚多，皆感于明学之极敝而生反动，欲挽明以返诸宋，而于张载之《正蒙》，特推尚焉。其治学方法，已渐开科学研究的精神，尝曰：

> 天下之物理无穷，已精而又有其精者，随时以变，而皆不失于正。但信诸己而即执之，云何得当？况其所为信诸己者，又或因习气，或守一先生之言，而渐渍以为己心乎！（《俟解》）

夫之著书极多，同治间金陵刻本二百八十八卷，犹未逮其半，皆不落"习气"，不"守一先生之言"。其《读通鉴论》《宋论》，往往有新解，为近代学子所喜诵习。尤能为深沉之思以撢绎名理，其《张子正蒙注》《老子衍》《庄子解》，皆覃精之作，盖欲自创一派哲学而未成也。其言"天理即在人欲之中，无人欲则天理亦无从发现"（《正蒙注》），可谓发宋元以来所未发。后此戴震学说，实由兹衍出。故刘献廷极推服之，谓："天地元气，圣贤学脉，仅此一线。"（《广阳杂记》二）其乡后学谭嗣同之思想，受其影响最多，尝曰："五百年来学者，真通天人之故者，船山一人而已。"（《仁学》卷上）尤可注意者，《遗书》目录中，有《相宗络索》及《三藏法师八识规矩论赞》二书（未刻）。在彼时以儒者而知治"唯识宗"，可不谓豪杰之士耶？

七

顾、黄、王、颜，同一"王学"之反动也，而其反动所趋之方向各不同。黄氏始终不非王学，但是正其末流之空疏而已。顾、王两氏黜明存宋，而顾尊考证，王好名理。若颜氏者，则明目张胆以排程朱陆王，而亦非薄传注考证之学，故所谓"宋学""汉学"者，两皆吐弃，在诸儒中尤为挺拔，而其学卒不显于清世。

博野颜元，生于穷乡，育于异姓，饱更忧患，艰苦卓绝。其学有类罗马之"斯多噶派"。其对于旧思想之解放，最为彻底，尝曰：

> 立言但论是非，不论异同。是，则一二人之见不可易也；非，则虽千万人所同，不随声也。岂惟千万人，虽百千年同迷之局，我辈亦当以先觉觉后觉，竟不必附和雷同也。（钟錂著《颜习斋言行录·学问篇》）

其尊重自己良心，确乎不可拔也如此。其对于宋学，为绝无闪缩之正面攻击，其言曰：

予昔尚有将就程朱、附之圣门支派之意。自一南游,见人人禅子,家家虚文,直与孔门对敌,必破一分程朱,始入一分孔孟,乃定以为孔孟与程朱判然两途,不愿作道统中乡愿矣。(李塨著《颜习斋先生年谱》卷下)

然则元之学之所以异于宋儒者何在耶? 其最要之旨曰:"习行于身者多,劳枯于心者少。"(《年谱》卷下)彼引申其义曰:"人之岁月精神有限,诵说中度一日,便习行中错一日,纸墨上多一分,便身世上少一分。"(《存学编》论讲学) 又曰:"宋儒如得一路程本,观一处又观一处,自喜为通天下路程,人亦以晓路称之,其实一步未行,一处未到。"(《年谱》卷下) 又曰:"诸儒之论,在身乎? 在世乎? 徒纸笔耳。则言之悖于孔孟者坠也,言之不悖于孔孟者亦坠也。"(《习斋记余·未坠集序》)又曰:"譬之于医,有妄人者,止务览医书千万卷,熟读详说,以为予国手矣,视诊脉制药针灸为粗不足学。书日博,识日精,一人倡之,举世效之,岐黄盈天下,而天下之人病相枕、死相接也。"(《存学编·学辩一》) 又曰:"为爱静空谈之学久,必至厌事,厌事必至废事,遇事即茫然,故误人才败天下事者宋学也。"(《年谱》卷下) 又曰:"书本上见,心头上思,可无所不及,而最易自欺欺世。不特无能,其实一无知也。"(《言行录》卷下)其论学宗旨大率类此。

由此观之,元不独不认宋学为学,并不认汉学为学,明矣。元之意盖谓,学问绝不能向书本上或讲堂上求之,惟当于社会日常行事中求之。故其言曰:"人之认读书为学者,固非孔子之学;以读书之学解书,并非孔子之书。"(《言行录》卷下) 又曰:

"后儒将博学改为博读博著。"(《年谱》卷下)其所揭橥以为学者，曰《周礼》大司徒之"乡三物"——一、六德，知、仁、圣、义、忠、和；二、六行，孝、友、睦、姻、任、恤；三、六艺，礼、乐、射、御、书、数——而其所实行者尤在六艺。故躬耕、习医、学技击、学兵法、习礼、习乐，其教门人必使之各执一艺。"劳作神圣"之义，元之所最信仰也。其言曰："养身莫善于习动，夙兴夜寐，振起精神，寻事去做。"(《言行录》卷上)曰："生存一日，当为生民办事一日。"(《年谱》卷下)质而言之，为做事故求学问，做事即是学问，舍做事外别无学问，此元之根本主义也。以实学代虚学，以动学代静学，以活学代死学，与最近教育新思潮最相合。但其所谓实、所谓动、所谓活者，究竟能免于虚静与死否耶？此则时代为之，未可以今日社会情状绳古人矣。

元弟子最著者，曰李塨，曰王源，皆能实践其教。然元道太刻苦，类墨氏，传者卒稀，非久遂中绝。

八

　　我国科学最昌明者，惟天文算法，至清而尤盛。凡治经学者多兼通之，其开山之祖，则宣城梅文鼎也。杭世骏谓："自明万历中利玛窦入中国，制器作图颇精密，……学者张皇过甚，无暇深考中算源流，辄以世传浅术，谓古《九章》尽此，于是薄古法为不足观；而或者株守旧闻，遽斥西人为异学。两家遂成隔阂。鼎集其书而为之说，稍变从我法，若三角比例等，原非中法所该，特为表出；古法方程，亦非西法所有，则专著论以明古人精意。"（杭世骏《道古堂集·梅定九征君传》）文鼎著书八十余种，其精神大率类是，知学问无国界，故无主奴之见。其所创获甚多，自言："吾为此学，皆历最艰苦之后而后得简易。……惟求此理大显，绝学不致无传，则死且不憾。"（同上）盖粹然学者态度也。

　　清代地理学亦极盛。然乾嘉以后，率偏于考古，且其发明多属于局部的。以云体大思精，至今盖尚无出无锡顾祖禹《读史方舆纪要》上者。魏禧评之曰：《职方》《广舆》诸书，袭讹踵谬，名实乖错，悉据正史考订折衷之。此数千百年所绝无仅有之书也。……贯穿诸史，出以己所独见，其深思远识，在语言文字之外。"（魏禧《叔子集·读史方舆纪要叙》）祖禹为此书，年二十九始属稿，五十乃成，无一日中辍，自言："舟车所经，必览城郭，按山川，稽里道，问关津，以及商旅之子、征戍之夫，或与从容谈论，考核异同。"（《读史方舆纪要》自叙）盖纯然现代科学精神也。

清初有一大学者而其学无传于后者，曰大兴刘献廷。王源表其墓曰："脱身遍历九州，览其山川形势，访遗佚，交其豪杰，观其土俗，博采轶事，以益广其闻见，而质证其所学。……讨论天地阴阳之变、霸王大略、兵法、文章、典制、方域要害，……于礼、乐、象纬、医药、书、数、法律、农桑、火攻器制，旁通博考，浩浩无涯涘。"（王源《居业堂集·刘处士墓表》）而全祖望述其遗著有《新韵谱》者，最为精奇。全氏曰：

继庄（献廷字）自谓于声音之道，别有所窥，足穷造化之奥，百世而不惑。尝作《新韵谱》，其悟自华严字母入，而参以天竺陀罗尼、泰西腊顶话、小西天梵书，暨天方、蒙古、女直等音，又证之以辽人林益长之说，而益自信。同时吴修龄自谓苍颉以后第一人，继庄则曰，是其于天竺以下书皆未得通，而但略见《华严》之旨者也。继庄之法，先立鼻音二，以为韵本，有开有合，各转阴、阳、上、去、入之五音——阴、阳即上、下二平——共十声，而不历喉、腭、舌、齿、唇之七位，故有横转无直送，则等韵重叠之失去矣。次定喉音四，为诸韵之宗，而后知腊顶话、女直国书、梵音，尚有未精者；以四者为正喉音，而从此得半音、转音、伏音、送音、变喉音。又以二鼻音分配之，一为东

北韵宗，一为西南韵宗。八韵立而四海之音可齐。于是以
喉音互相合，凡得音十七；喉音与鼻音互相合，凡得音十；
又以有余不尽者三合之，凡得音五；共计三十二音为韵父。
而韵历二十二位为韵母，横转各有五子，而万有不齐之声
摄于此矣。

又欲谱四方土音，以穷宇宙元音之变，乃取《新韵谱》
为主，而以四方土音填之，逢人便可印正。（全祖望《鲒
埼亭集·刘继庄传》）

盖自唐释守温始谋为中国创立新字母，直至民国七年教育
部颁行注音字母，垂阅千年，而斯业乃成。而中间最能覃思而
具其条理者，则献廷也。使其书而传于后，则此问题或早已解
决，而近三十年来学者，或可省许多研究之精力。然犹幸而有
全氏传其崖略，以资近代学者之取材，今注音字母，采其成法
不少，则固受赐多矣。全氏又述献廷关于地理、关于史学、关
于宗法之意见，而总论之曰："凡继庄所撰著，其运量皆非一人
一时所能成，故虽言之甚殷，而难于毕业。"斯实然也。然学
问之道，固未有成之于一人一时者，在后人能否善袭遗产以光
大之而已。彼献廷之《新韵谱》，岂非阅三百年而竟成也哉？
献廷尝言曰："人苟不能斡旋气运，利济天下，徒以其知能为一
身家之谋，则不能谓之人。"（王源《墓表》引）其学问大本可
概见，惜乎当时莫能传其绪也。献廷书今存者惟一《广阳杂记》，
实涉笔漫录之作，殆不足以见献廷。

同时有太原傅山者，以任侠闻于鼎革之交，国变后冯溥、
魏象枢尝强荐之，几以身殉，遂易服为道士。有问学者，则告

之曰："老夫学庄、列者也，于此间诸仁义事，实羞道之。"（全祖望《鲒埼亭集·傅青主事略》）然史家谓"其学大河以北莫能及者"。（吴翔凤《人史》）

九

综上所述，可知启蒙期之思想界，极复杂而极绚烂。其所以致此之原因有四：

第一，承明学极空疏之后，人心厌倦，相率返于沉实。

第二，经大乱后，社会比较的安宁，故人得有余裕以自厉于学。

第三，异族入主中夏，有志节者耻立乎其朝，故刊落声华，专集精力以治朴学。

第四，旧学派权威既坠，新学派系统未成，无"定于一尊"之弊，故自由研究之精神特盛。

其研究精神，因环境之冲动，所趋之方向亦有四：

第一，因矫晚明不学之弊，乃读古书，愈读而愈觉求真解之不易，则先求诸训诂名物典章制度等等，于是考证一派出。

第二，当时诸大师，皆遗老也。其于宗社之变，类含隐痛，志图匡复，故好研究古今史迹成败、地理厄塞，以及其他经世之务。

第三，自明之末叶，利玛窦等输入当时所谓西学者于中国，而学问研究方法上，生一种外来的变化。其初惟治天算者宗之，后则渐应用于他学。

第四，学风既由空返实，于是有从书上求实者，有从事上求实者。南人明敏多条理，故向著作方面发展。北人朴悫坚卓，故向力行方面发展。

此启蒙期思想发展涂径之大概也。

然则第二期之全盛时代，独所谓正统派者（考证学）充量发达，余派则不盛，或全然中绝。其故何耶？以吾所思，原因亦有四：

一、颜、李之力行派，陈义甚高，然未免如庄子评墨子所云，"其道大觳"，恐"天下不堪"。（《天下篇》）此等苦行，惟有宗教的信仰者能践之，然已不能责望之于人。颜元之教，既绝无"来生的""他界的"观念，在此现实界而惟恃极单纯极严冷的道德义务观念，教人牺牲一切享乐，本不能成为天下之达道。元之学所以一时尚能光大者，因其弟子直接受彼之人格的感化。一再传后，感化力递减，其渐归衰灭，乃自然之理。况其所谓实用之"艺"，因社会变迁，非皆能周于用。而彼所最重者在"礼"，所谓"礼"者，二千年前一种形式，万非今日所能一一实践。既不能，则实者乃反为虚矣。此与当时求实之思潮，亦不相吻合，其不能成为风气也固宜。

二、吾尝言当时"经世学派"之昌，由于诸大师之志存匡复。诸大师始终不为清廷所用，固已大受猜忌。其后文字狱频兴，学者渐惴惴不自保，凡学术之触时讳者，不敢相讲习。然英拔之士，其聪明才力，终不能无所用也。诠释故训，究索名物，真所谓"于世无患，与人无争"，学者可以自藏焉。又所谓经世之务者，固当与时消息，过时焉则不适用。治此学者既未能立见推行，则藏诸名山，终不免成为一种空论。等是空论，则浮薄之士，何尝不可剿说以自附？附者众则乱真而见厌矣。故乾嘉以降，此派衰熄，即治史学地理学者，亦全趋于考证方面，无复以议论行之矣。

三、凡欲一种学术之发达，其第一要件，在先有精良之研究法。清代考证学，顾、阎、胡、惠、戴诸师，实辟出一新涂径，俾人人共循。贤者识大，不贤识小，皆可勉焉。中国积数千年文明，其古籍实有研究之大价值，如金之蕴于矿者至丰也。而又非研究之后，加以整理，则不能享其用，如在矿之金，非开采磨治焉不得也。故研究法一开，学者既感其有味，又感其必要，遂靡然向风焉，愈析而愈密，愈浚而愈深。盖此学派在当时饶有开拓之余地，凡加入派中者，苟能忠实从事，不拘大小，而总可以有所成，所以能拔异于诸派而独光大也。

四、清学之研究法，既近于"科学的"，则其趋向似宜向科学方面发展。今专用之于考古，除算学天文外，一切自然科学皆不发达，何也？凡一学术之兴，一面须有相当之历史，一面又乘特殊之机运。我国数千年学术，皆集中社会方面，于自然界方面素不措意，此毋庸为讳也。而当时又无特别动机，使学者精力转一方向。且当考证新学派初兴，可开拓之殖民地太多，才智之士正趋焉，自不能分力于他途。天算者，经史中所固有也，故能以附庸之资格，连带发达，而他无闻焉。其实欧洲之科学，亦直至近代而始昌明，在彼之"文艺复兴"时，其学风亦偏于考古。盖学术进化必经之级，应如是矣。

右述启蒙期竟，次及全盛期。

十

　　启蒙期之考证学，不过居一部分势力，全盛期则占领全学界。故治全盛期学史者，考证学以外，殆不必置论。启蒙期之考证学，不过粗引端绪，其研究法之漏略者，不一而足——例如阎若璩之《尚书古文疏证》，中多阑入日记信札之类，体例极芜杂；胡渭之《禹贡锥指》，多经济谈，且汉宋杂糅，家法不严——苟无全盛期诸贤，则考证学能否成一宗派，盖未可知。夫无考证学则是无清学也，故言清学必以此时期为中坚。

　　在此期中，此学派已成为"群众化"，派中有力人物甚多，皆互相师友。其学业亦极"单调的"，无甚派别之可特纪。故吾欲专叙一二人，以代表其余。当时巨子，共推惠栋、戴震，而戴学之精深，实过于惠。今略述二人之著述言论及其传授之绪，资比较焉。

　　元和惠栋，世传经学。祖父周惕，父士奇，咸有著述，称儒宗焉。栋受家学，益弘其业。所著有《九经古义》《易汉学》《周易述》《明堂大道录》《古文尚书考》《后汉书补注》诸书。其弟子则沈彤、江声、余萧客最著。萧客弟子江藩，著《汉学师承记》，推栋为斯学正统。实则栋未能完全代表一代之学术，不过门户壁垒，由彼而立耳。惠氏之学，以博闻强记为入门，以尊古守家法为究竟。士奇于九经、四史、《国语》《国策》《楚辞》之文，皆能暗诵，尝对座客诵《史记·封禅书》终篇，不失一字。（钱大昕《潜研堂集·惠天牧先生传》）栋受其教，记诵益赅洽。士奇之言曰：

> 康成三《礼》，何休《公羊》，多引汉法，以其去古未远。……贾公彦于郑注……之类皆不能疏。……夫汉远于周，而唐又远于汉，宜其说之不能尽通也，况宋以后乎？（《礼说》）

此可见惠氏家学，专以"古今"为"是非"之标准。栋之学，其根本精神即在是。其言曰：

> 汉人通经有家法，故有五经师。训诂之学，皆师所口授，其后乃著竹帛。所以汉经师之说，立于学官，与经并行。……古字古言，非经师不能辨。……是故古训不可改也，经师不可废也。……余家四世传经，咸通古义。……因述家学作《九经古义》一书。……（《九经古义·述首》）

惠派治学方法，吾得以八字蔽之，曰："凡古必真，凡汉皆好。"其言"汉经师说与经并行"，意盖欲尊之使侪于经矣。王引之尝曰："惠定宇先生考古虽勤，而识不高，心不细，见异于今者则从之，大都不论是非。"（《焦氏丛书》卷首王伯申手札）可谓知言。栋以善《易》名，其治《易》也，于郑玄之所谓"爻辰"，虞翻之所谓"纳甲"，荀谞之所谓"升降"，京房之所谓"世应""飞伏",与夫"六日七分""世轨"诸说,一一为之疏通证明,汪中所谓"千余年不传之绝学"者也。以吾观之,此其矫诬,与陈抟之"河图洛书"有何差别?然彼则因其宋人所诵习也而排之,此则因其为汉人所倡道也而信之,可谓大惑不解。然而当时之人蔽焉,辄以此相尚。江藩者,惠派嫡传之法嗣也,其所著《国朝汉学师承记》,末附有《国朝经师经义目录》一篇,其言曰:

> 黄宗羲之《易学象数论》,虽辟陈抟、康节之学,而以纳甲动爻为伪象,又称王辅嗣注简当无浮义。黄宗炎之《图书辨惑》,力辟宋人,然不专宗汉学,非笃信之士。……胡胐明(渭)《洪范正论》,虽力攻《图》《书》之谬,而辟汉学五行灾异之说,是不知夏侯始昌之《洪范五行传》亦出伏生也。是以黜之。

此种论调,最足以代表惠派宗旨。盖谓凡学说出于汉儒者,皆当遵守,其有敢指斥者,则目为信道不笃也。其后阮元辑《学海堂经解》,即以此为标准,故顾、黄、阎、胡诸名著,多见摈焉,谓其不醇也。平心论之,此派在清代学术界,功罪参半。笃守家法,令所谓"汉学"者壁垒森固,旗帜鲜明,此其功也;胶固、盲从、褊狭、好排斥异己,以致启蒙时代之怀疑的精神批评的态度,几无阙焉,此其罪也。清代学术,论者多称为"汉学"。其实前此顾、黄、王、颜诸家所治,并非"汉学";后此戴、段、二王诸家所治,亦并非"汉学"。其"纯粹的汉学",则惠氏一派,洵足当之矣。夫不问"真不真",惟问"汉不汉",以此治学,安能通方?况汉儒经说,派别正繁,其两说绝对不相容者甚多,欲盲从其一，则不得不驳斥其他。栋固以尊汉为标帜者也。其释"箕子明夷"之义，因欲扬孟喜说而抑施雠、梁丘贺说，乃云"谬种流传，肇于西汉"（《周易述》卷五），致方东树搣之以反唇相稽。（《汉学商兑》卷下）然则所谓"凡汉皆好"之旗帜，亦终见其不贯彻而已。故苟无戴震，则清学能否卓然自树立，盖未可知也。

十一

　　休宁戴震受学江永，其与惠栋亦在师友之间。震十岁就傅，受《大学章句》，至"右经一章"以下，问其塾师曰："此何以知为孔子之言而曾子述之？又何以知为曾子之意而门人记之？"师应之曰："此先儒朱子所注云尔。"又问："朱子何时人？"曰："南宋。"又问："孔子、曾子何时人？"曰："东周。"又问："周去宋几何时？"曰："几二千年。"又问："然则朱子何以知其然？"师无以应。（据王昶《述庵文钞·戴东原墓志铭》）此一段故事，非惟可以说明戴氏学术之出发点，实可以代表清学派时代精神之全部。盖无论何人之言，决不肯漫然置信，必求其所以然之故，常从众人所不注意处觅得间隙，既得间，则层层逼拶，直到尽头处；苟终无足以起其信者，虽圣哲父师之言不信也。此种研究精神，实近世科学所赖以成立。而震以童年具此本能，其能为一代学派完成建设之业固宜。

　　震之言曰：

　　　　学者当不以人蔽己，不以己自蔽。不为一时之名，亦不期后世之名。有名之见，其蔽二：非掊击前人以自表暴，即依傍昔贤以附骥尾。……私智穿凿者，或非尽掊击以自表暴，积非成是而无从知，先入为主而惑以终身；或非尽依傍以附骥尾，无鄙陋之心，而失与之等。……（《东原文集·答郑用牧书》）

"不以人蔽己，不以己自蔽"二语，实震一生最得力处。盖学问之难也，粗涉其涂，未有不为人蔽者；及其稍深入，力求自脱于人蔽，而己旋自蔽矣。非廓然卓然，鉴空衡平，不失于彼，必失于此。震之破"人蔽"也，曰：

志存闻道，必空所依傍。汉儒训诂，有师承，有时亦傅会。晋人傅会凿空益多。宋人则恃胸臆以为断，故其袭取者多谬，而不谬者反在其所弃。……宋以来儒者，以己之见硬坐为古圣贤立言之意，而语言文字实未之知。其于天下之事也，以己所谓理强断行之，而事情源委隐曲实未能得，是以大道失而行事乖。……自以为于心无愧，而天下受其咎，其谁之咎？不知者且以实践躬行之儒归焉。（《东原集·与某书》）

其破"己蔽"也，曰：

凡仆所以寻求于遗经，惧圣人之绪言暗汶于后世也。然寻求而有获十分之见者，有未至十分之见者。所谓十分之见，必征诸古而靡不条贯，合诸道而不留余议，巨细毕究，本末兼察。若夫依于传闻以拟其是，择于众说以裁其优，出于空言以定其论，据以孤证以信其通，虽溯流可以知源，

不目睹渊泉所导，循根可以达杪，不手披枝肄所歧，皆未
至十分之见也。以此治经，失不知为不知之意，而徒增一
惑以滋识者之辨之也。……既深思自得而近之矣，然后知
孰为十分之见，孰为未至十分之见。如绳绳木，昔以为直
者，其曲于是可见也；如水准地，昔以为平者，其坳于是
可见也。夫然后传其信不传其疑，疑则阙，庶几治经不害。
（《东原集·与姚姬传书》）

读第一段，则知目震所治者为"汉学"，实未当也。震之所期，
在"空诸依傍"。晋宋学风，固在所诋斥矣，即汉人亦仅称其
有家法，而未尝教人以盲从。钱大昕谓其"实事求是，不主一家"
（《潜研堂集》戴震传），余廷灿谓其"有一字不准六书，一字
解不通贯群经，即无稽者不信，不信必反复参证而后即安。以
故胸中所得，皆破出传注重围"（余氏撰《戴东原先生事略》，
见《国朝耆献类征》百三十一），此最能传写其思想解放之精
神。读第二段，其所谓十分之见与未至十分之见者，即科学家
定理与假说之分也。科学之目的，在求定理，然定理必经过假
设之阶级而后成。初得一义，未敢信为真也，其真之程度，或
仅一二分而已。然姑假定以为近真焉，而凭借之以为研究之点，
几经试验之结果，浸假而真之程度增至五六分、七八分，卒达
于十分，于是认为定理而主张之。其不能至十分者，或仍存为
假说以俟后人，或遂自废弃之也。凡科学家之态度，固当如是
也。震之此论，实从甘苦阅历得来。所谓"昔以为直而今见其曲，
昔以为平而今见其坳"，实科学研究法一定之历程，而其毅然
割舍，传信不传疑，又学者社会最主要之道德矣。震又言曰：

学有三难：淹博难，识断难，精审难。三者仆诚不足以与于其间，其私自持及为书之大概，端在乎是。前人之博闻强识，如郑渔仲、杨用修诸君子，著书满家，淹博有之，精审未也。……

戴学所以异于惠学者，惠仅淹博，而戴则识断且精审也。章炳麟曰："戴学分析条理，夕密严瑮，上溯古义，而断以己之律令。"（《检论·清儒》篇）可谓知言。

凌廷堪为震作《事略状》，而系以论曰："昔河间献王实事求是。夫实事在前，吾所谓是者，人不能强辞而非之也；吾所谓非，人不能强辞而是之也；如六书、九数及典章制度之学是也。虚理在前，吾所谓是者，人既可别持一说以为非；吾所谓非者，人亦可别持一说以为是也；如义理之学是也。"（《校礼堂集》）此其言绝似实证哲学派之口吻，而戴震之精神见焉，清学派之精神见焉。惜乎此精神仅应用于考古，而未能应用于自然学界，则时代为之也。

震常言："知十而皆非真，不若知一之为真知也。"（段玉裁《经韵楼集·娱亲雅言序》引）故其学虽淹博而不泛滥。其最专精者，曰小学，曰历算，曰水地。小学之书，有《声韵考》四卷，《声类表》十卷，《方言疏证》十三卷，《尔雅文字考》十卷。历算之书，有《原象》一卷，《历问》二卷，《古历考》二卷，《勾股割圜记》三卷，《续天文略》三卷，《策算》一卷。水地之书，有《水地记》一卷，校《水经注》四十卷，《直隶河渠书》六十四卷。其他著述不备举。《四库全书》天算类提要全出其手，他部亦多参与焉，而其晚年最得意之作，曰《孟子字义疏证》。

《孟子字义疏证》，盖轶出考证学范围以外，欲建设一"戴氏哲学"矣。震尝言曰：

> 圣人之道，使天下无不达之情，求遂其欲，而天下治。
> 后儒不知情之至于纤微无憾是谓理，而其所谓理者，同于
> 酷吏所谓法。酷吏以法杀人，后儒以理杀人。骎骎乎舍法
> 而论理，死矣，更无可救矣！（《东原文集》卷八《与某书》）

又曰：

> 程朱以"理"为"如有物焉，得于天而具于心"，启
> 天下后世人人凭在己之意见而执之曰"理"，以祸斯民。
> 更淆以"无欲"之说，于得理益远，于执其意见益坚，而
> 祸斯民益烈。岂理祸斯民哉？不自知为意见也。（《戴氏遗
> 书》九附录《答彭进士书》）

又曰：

> 宋以前，孔孟自孔孟，老释自老释。谈老释者，高妙
> 其言，不依附孔孟。宋以来，孔孟之书，尽失其解，儒者
> 杂袭老释之言以解之。……譬犹子孙未睹其祖父之貌者，
> 误图他人之貌为其貌而事之，所事固己之祖父也，貌则非
> 矣。（同上）

震欲袪"以释混儒""舍欲言理"之两蔽，故晚作《原善》三篇，
复为《孟子字义疏证》，《疏证》之精语曰：

……《记》曰："饮食男女，人之大欲存焉。"圣人治天下，体民之情，遂民之欲，而王道备。人知老、庄、释氏异于圣人，闻其无欲之说，犹未之信也。于宋儒，则信以为同于圣人；理欲之分，人人能言之。故今之治人者，视古圣贤体民之情、遂民之欲，多出于鄙细隐曲，不措诸意，不足为怪。及其责以理也，不难举旷世之高节著于义而罪之。尊者以理责卑，长者以理责幼，贵者以理责贱，虽失谓之顺；卑者幼者贱者以理争之，虽得谓之逆。于是下之人不能以天下之同情、天下所同欲达之于上；上以理责其下，而在下之罪，人人不胜指数。人死于法，犹有怜之者；死于理，其谁怜之！

又曰：

孟子言"养心莫善于寡欲"，明乎欲之不可无也，寡之而已。人之生也，莫病乎无以遂其生。欲遂其生，亦遂人之生，仁也；欲遂其生，至于戕人之生而不顾者，不仁也。不仁实始于欲遂其生之心，使其无此欲，必无不仁矣。然使其无此欲，则于天下之人生道穷蹙，亦将漠然视之。己不必遂其生而遂人之生，无是情也。

又曰：

朱子屡言"人欲所蔽"，凡"欲"无非以生以养之事，"欲"之失为"私"不为"蔽"，自以为得理而所执之实谬乃"蔽"。人之大患，"私"与"蔽"而已，"私"生于欲之失，"蔽"

生于"知"之失。

又曰：

> 君子之治天下也，使人各得其情，各遂其欲，勿悖于道义。君子之自治也，情与欲使一于道义。夫遏欲之害，甚于防川，绝情去智，充塞仁义。

又曰：

> 古圣贤所谓仁义礼智，不求于所谓欲之外，不离乎血气心知。而后儒以为如有别物焉凑泊附著以为性，由杂乎老释，终昧于孔孟之言故也。

又曰：

> 问：宋儒之言……也，求之六经中无其文，故借……之语以饰其说、以取信学者欤？曰：舍圣人立言之本指，而以己说为圣人所言，是诬圣。借其语以饰吾之说以求取信，是欺学者也。诬圣欺学者，程朱之贤不为。盖其学借阶于老释，是故失之。凡习于先入之言，往往受其蔽而不自觉。

《疏证》一书，字字精粹，右所录者未尽其什一也。综其内容，不外欲以"情感哲学"代"理性哲学"。就此点论之，乃与欧洲文艺复兴时代之思潮之本质绝相类。盖当时人心，为基督教绝对禁欲主义所束缚，痛苦无艺，既反乎人理而又不敢违，乃相与作伪，而道德反扫地以尽。文艺复兴之运动，乃采久阂室之"希腊的情感主义"以药之。一旦解放，文化转一新方向以进行，则蓬勃而莫能御。戴震盖确有见于此，其志愿确欲为中国文化转一新方向。其哲学之立脚点，真可称二千年一大翻案。其论尊卑顺逆一段，实以平等精神，作伦理学上一大革命。其斥宋儒之糅合儒佛，虽辞带含蓄，而意极严正，随处发挥科学家求真求是之精神，实三百年间最有价值之奇书也。震亦极以此自负，尝曰："仆生平著述之大，以《孟子字义疏证》为第一。"（《戴东原集》卷首段玉裁序引）虽然，戴氏学派虽披靡一世，独此书影响极小。据江藩所记，谓当时读《疏证》者莫能通其义，惟洪榜好焉。榜为震行状，载《与彭尺木书》（按此书即与《孟子字义疏证》相发明者）。朱筠见之，谓："可不必载！戴氏可传者不在是。"榜贻筠书力争不得。震子中立，卒将此书删去。（《汉学师承记》卷六）可见当时戴门诸子之对于此书，已持异同。唐鉴谓："先生本训诂家，欲讳其不知义理，特著《孟子字义疏证》以诋程朱。"（《国朝学案小识》）鉴非能知戴学者，其言诚不足轻重，然可以代表当时多数人之心理也。当时宗戴之人，于此书既鲜诵习发明，其反驳者亦仅一方东树（《汉学商兑》卷上），然搔不着痒处。此书盖百余年未生反响之书也，岂其反响当在今日以后耶？然而论清学正统派之运动，遂不得不将此书除外。吾常言："清代学派之运动，乃'研究法的运动'，非'主义的运动'也。"此其收获所以不逮"欧洲文艺复兴运动"之丰大也欤？

十二

　　戴门后学，名家甚众，而最能光大其业者，莫如金坛段玉裁，高邮王念孙及念孙子引之，故世称戴、段、二王焉。玉裁所著书，最著者曰《说文解字注》《六书音均表》。念孙所著书，最著者曰《读书杂志》《广雅疏证》。引之所著书，最著者曰《经义述闻》《经传释词》。戴、段、二王之学，其所以特异于惠派者，惠派之治经也，如不通欧语之人读欧书，视译人为神圣，汉儒则其译人也，故信凭之不敢有所出入；戴派不然，对于译人不轻信焉，必求原文之正确然后即安。惠派所得，则断章零句，援古正后而已；戴派每发明一义例，则通诸群书而皆得其读。是故惠派可名之曰汉学，戴派则确为清学而非汉学。以爻辰纳甲说《易》，以五行灾异说《书》，以五际六情说《诗》，其他诸经义，无不杂引谶纬，此汉儒通习也。戴派之清学，则芟汰此等，不稍涉其藩，惟于训诂名物制度注全力焉。戴派之言训诂名物，虽常博引汉人之说，然并不墨守之。例如《读书杂志》《经义述闻》，全书皆纠正旧注旧疏之失误。所谓旧注者，则毛、郑、马、贾、服、杜也；旧疏者，则陆、孔、贾也。宋以后之说，则其所不屑是正矣。是故如高邮父子者，实毛、郑、贾、马、服、杜之诤臣，非其将顺之臣也。夫岂惟不将顺古人，虽其父师，亦不苟同。段之尊戴，可谓至矣。试读其《说文注》，则"先生之言非也"，"先生之说非是"诸文，到处皆是。即王引之《经义述闻》，与其父念孙之说相出入者，且不少也。彼等不惟于旧注旧疏之舛误丝毫不假借而已，而且敢于改经文。此与宋明儒者之好改古书，迹相类而实大殊。彼纯凭主观的臆断，而此则出于客观的钩稽参验也。段玉裁曰：

> 校书定是非最难，是非有二：曰底本之是非，曰立说之是非。必先定底本之是非，而后可断其立说之是非。……何谓底本？著书者之稿本是也。何谓立说？著书者所言之义理是也。……不先正底本，则多诬古人；不断其立说之是非，则多误今人。……（《经韵楼集·与诸同志论校书之难》）

此论最能说明考证学在学术界之位置及价值。盖吾辈不治一学则已，既治一学，则第一步须先将此学之真相，了解明确，第二步乃批评其是非得失。譬如今日，欲批评欧人某家之学说，若仅凭拙劣伪谬之译本，相与辩争讨论，实则所驳斥者乃并非原著，如此岂不可怜可笑！研究中国古书，虽不至差违如此其甚，然以语法古今之不同，与写刻传袭之讹错，读之而不能通其文句者则甚多矣。对于未通文句之书，而批评其义理之是非，则批评必多枉用，此无可逃避也。清代之考证学家，即对于此第一步工夫而非常努力，且其所努力皆不虚，确能使我辈生其后者，得省却无限精力，而用之以从事于第二步。清代学之成绩，全在此点，而戴、段、二王之著述，则其代表也。阮元之序《经义述闻》也，曰：

> 凡古儒所误解者，无不旁征曲喻，而得其本义之所在。使古圣贤见之，必解颐曰："吾言固如是！数千年误解之，今得明矣。"……

此其言洵非溢美，吾侪今日读王氏父子之书，只觉其条条皆犁然有当于吾心，前此之误解，乃一旦涣然冰释也。虽以方东树之力排"汉学"，犹云："高邮王氏《经义述闻》，实足令郑、朱俯首。汉唐以来，未有其比。"（《汉学商兑》卷中之下）亦可见公论之不可磨灭矣。

然则诸公曷为能有此成绩耶？一言以蔽之曰：用科学的研究法而已。试细读王氏父子之著述，最能表现此等精神。吾尝研察其治学方法，第一曰注意。凡常人容易滑眼看过之处，彼善能注意观察，发现其应特别研究之点，所谓读书得间也。如自有天地以来，苹果落地不知凡几，惟奈端能注意及之；家家日日皆有沸水，惟瓦特能注意及之。《经义述闻》所厘正之各经文，吾辈自童时即诵习如流，惟王氏能注意及之。凡学问上能有发明者，其第一步工夫必恃此也。第二曰虚己。注意观察之后，既获有疑窦，最易以一时主观的感想，轻下判断，如此则所得之"间"，行将失去。考证家决不然，先空明其心，绝不许有一毫先入之见存，惟取客观的资料，为极忠实的研究。第三曰立说。研究非散漫无纪也，先立一假定之说以为标准焉。第四曰搜证。既立一说，绝不遽信为定论，乃广集证据，务求按诸同类之事实而皆合，如动植物学家之日日搜集标本，如物理化学家之日日化验也。第五曰断案。第六曰推论。经数番归纳研究之后，则可以得正确之断案矣。既得断案，则可以推论于同类之事项而无阂也。王引之《经传释词》自序云：

> ……始取《尚书》二十八篇绅绎之，见其词之发句助句者，昔人以实义释之，往往诘籍为病，窃尝私为之说而未敢定也。及闻大人（指其父念孙）论《毛诗》"终风且暴"……诸条，发明意旨，涣若冰释。……乃遂引而伸之，尽其义类。自九经、三传及周秦西汉之书，凡助语之文，遍为搜讨，分字编次，为《经传释词》十卷。

又云：

> 揆之本文而协，验之他卷而通，虽旧说所无，可以心知其意。……凡其散见于经传者，皆可比例而知，触类长之。

此自言其治学次第及应用之法颇详明，虽仅叙一书著述始末，然他书可以类推，他家之书亦可以类推矣。此清学所以异于前代，而永足为我辈程式者也。

十三

正统派之学风，其特色可指者略如下：

一、凡立一义，必凭证据。无证据而以臆度者，在所必摈。

二、选择证据，以古为尚。以汉唐证据难宋明，不以宋明证据难汉唐；据汉魏可以难唐，据汉可以难魏晋，据先秦西汉可以难东汉；以经证经，可以难一切传记。

三、孤证不为定说。其无反证者姑存之，得有续证则渐信之，遇有力之反证则弃之。

四、隐匿证据或曲解证据，皆认为不德。

五、最喜罗列事项之同类者，为比较的研究，而求得其公则。

六、凡采用旧说，必明引之，剿说认为大不德。

七、所见不合，则相辩诘，虽弟子驳难本师，亦所不避，受之者从不以为忤。

八、辩诘以本问题为范围，词旨务笃实温厚，虽不肯枉自己意见，同时仍尊重别人意见。有盛气凌轹，或支离牵涉，或影射讥笑者，认为不德。

九、喜专治一业，为"窄而深"的研究。

十、文体贵朴实简洁，最忌"言有枝叶"。

当时学者，以此种学风相矜尚，自命曰"朴学"。其学问之中坚，则经学也。经学之附庸则小学，以次及于史学、天算学、地理学、音韵学、律吕学、金石学、校勘学、目录学等等，一皆以此种研究精神治之。质言之，则举凡自汉以来书册上之学问，皆加以一番磨琢，施以一种组织。其直接之效果：一、吾辈向觉难读难解之古书，自此可以读可以解。二、许多伪书及书中窜乱芜秽者，吾辈可以知所别择，不复虚糜精力。三、有久坠之绝学，或前人向不注意之学，自此皆卓然成一专门学科，使吾辈学问之内容，日益丰富。其间接之效果：一、读诸大师之传记及著述，见其"为学问而学问"，治一业终身以之，铢积寸累，先难后获，无形中受一种人格的观感，使吾辈奋兴向学。二、用此种研究法以治学，能使吾辈心细，读书得间；能使吾辈忠实，不欺饰；能使吾辈独立，不雷同；能使吾辈虚受，不敢执一自是。

正统派所治之学，为有用耶？为无用耶？此甚难言。试持以与现代世界诸学科比较，则其大部分属于无用，此无可讳言也。虽然，有用无用云者，不过相对的名词。老子曰："三十辐共一毂，当其无，有车之用。"此言乎以无用为用也。循斯义也，则凡真学者之态度，皆当为学问而治学问。夫用之云者，以所用为目的，学问则为达此目的之一手段也。为学问而治学问者，学问即目的，故更无有用无用之可言。庄子称"不龟手之药，或以霸，或不免于洴澼絖"，此言乎为用不为用，存乎其人也。循斯义也，则同是一学，在某时某地某人治之为极无用者，易时易地易人治之，可变为极有用，是故难言也。其实就纯粹的学者之见地论之，只当问成为学不成为学，不必问有用与无用，非如此则学问不能独立，不能发达。夫清学派固能成为学者也，其在我国文化史上有价值者以此。

十四

　　清学自当以经学为中坚。其最有功于经学者，则诸经殆皆有新疏也。其在《易》，则有惠栋之《周易述》，张惠言之《周易虞氏义》，姚配中之《周易姚氏学》。其在《书》，则有江声之《尚书集注音疏》，孙星衍之《尚书今古文注疏》，段玉裁之《古文尚书撰异》，王鸣盛之《尚书后案》。其在《诗》，则有陈奂之《诗毛氏传疏》，马瑞辰之《毛诗传笺通释》，胡承珙之《毛诗后笺》。其在《周官》，有孙诒让之《周礼正义》。其在《仪礼》，有胡承珙之《仪礼古今文疏义》，胡培翚之《仪礼正义》。其在《左传》，有刘文淇之《春秋左氏传》正义。其在《公羊传》，有孔广森之《公羊通义》，陈立之《公羊义疏》。其在《论语》，有刘宝楠之《论语正义》。其在《孝经》，有皮锡瑞之《孝经郑注疏》。其在《尔雅》，有邵晋涵之《尔雅正义》，郝懿行之《尔雅义疏》。其在《孟子》，有焦循之《孟子正义》。以上诸书，惟马、胡之于《诗》，非全释经传文，不能直谓之新疏。《易》诸家穿凿汉儒说，非训诂家言。清儒最善言《易》者，惟一焦循，其所著《易通释》《易图略》《易章句》，皆洁净精微，但非新疏体例耳。《书》则段、王二家稍粗滥。《公羊》则孔著不通家法。自余则

皆博通精粹，前无古人。尤有吾乡简朝亮，著《尚书集注述疏》
《论语集注补正述疏》，志在沟通汉宋，非正统派家法，然精核
处极多。十三经除《礼记》《穀梁》外，余皆有新疏一种或数种，
而《大戴礼记》则有孔广森《补注》、王聘珍《解诂》焉。此
诸新疏者，类皆撷取一代经说之菁华，加以别择结撰，殆可谓
集大成。其余为部分的研究之书，最著者则惠士奇之《礼说》，
胡渭之《禹贡锥指》，惠栋之《易汉学》《古文尚书考》《明堂
大道录》，张惠言之《周易郑氏义》《荀氏九家义》《易义别录》，
陈寿祺之《三家诗遗说考》，江永之《周礼疑义举要》，戴震之《考
工记图》，段玉裁之《周礼、仪礼汉读考》，张惠言之《仪礼图》，
凌廷堪之《礼经释例》，金榜之《礼笺》，孔广森之《礼学卮言》，
武亿之《三礼义证》，金鹗之《求古录礼说》，黄以周之《礼书
通故》，王引之之《春秋名字解诂》，侯康之《穀梁礼证》，江
永之《乡党图考》，王引之之《经义述闻》，陈寿祺之《左海经
辨》，程瑶田之《通艺录》，焦循之《群经宫室图》等，其精粹
者不下数百种。

清儒以小学为治经之涂径，嗜之甚笃，附庸遂蔚为大国。
其在《说文》，则有段玉裁之《说文注》，桂馥之《说文义证》，
王筠之《说文释例》《说文句读》，朱骏声之《说文通训定声》。
其在《说文》以外之古字书，则有戴震之《方言疏证》，江声之《释
名疏证》，宋翔凤之《小尔雅训纂》，胡承珙之《小尔雅义证》，
王念孙之《广雅疏证》，此与《尔雅》之邵、郝二疏略同体例。
得此而六朝以前之字书，差无疑滞矣。而以极严正之训诂家法
贯穴群书而会其通者，则王引之之《经传释词》，俞樾之《古
书疑义举例》最精凿。近世则章炳麟之《小学答问》，益多新
理解。而马建忠学之以著《文通》，严复学之以著《英文汉诂》，

为文典字之椎轮焉。而梁启超著《国文语原解》，又往往以证社会学。

音韵学又小学之附庸也，而清代特盛。自顾炎武始著《音论》《古音表》《唐韵正》，而江永有《音学辨微》《古韵标准》，戴震有《声韵考》《声类表》，段玉裁有《六书音均表》，姚文田有《说文声系》，苗夔有《说文声读表》，严可均有《说文声类》，陈澧有《切韵考》，而章炳麟《国故论衡》中论音韵诸篇，皆精绝。此学也，其动机本起于考证古音，而愈推愈密，遂能穷极人类发音官能之构造，推出声音变化之公例。刘献廷著《新韵谱》，创字母，其书不传。近世治此学者，积多数人之讨论折中，遂有注音字母之颁定。

典章制度一科，在清代亦为绝学。其动机起于治三《礼》，后遂泛滥益广。惠栋著《明堂大道录》，对于古制度专考一事，渐成专书者始此。徐乾学编《读礼通考》，秦蕙田编《五礼通考》，多出一时名人之手。其后则胡匡衷有《仪礼释官》，戴震有《考工记图》，沈彤有《周官禄田考》，王鸣盛有《周礼军赋说》，洪颐煊有《礼经宫室答问》，任大椿有《弁服释例》《深衣释例》，皆专注《礼》，而焦循有《群经宫室图》，程瑶田有《通艺录》，贯通诸经焉。晚清则有黄以周之《礼书通故》，最博赡精审，盖清代礼学之后劲矣。而乐律一门，亦几蔚为大国。毛奇龄始著《竟山乐录》，次则江永著《律吕新论》《律吕阐微》，江藩著《乐县考》，凌廷堪著《燕乐考原》，而陈澧之《声律通考》，晚出最精善。此皆足为将来著中国音乐史最好之资料也。焦循著《剧说》，专考今乐沿革，尤为切近有用矣。

清初诸师皆治史学，欲以为经世之用。王夫之长于史论，其《读通鉴论》《宋论》皆有特识。而后之史学家不循斯轨。

黄宗羲、万斯同以一代文献自任，实为史学嫡派。康熙间，清廷方开明史馆，欲借以网罗遗逸。诸师既抱所学，且借以寄故国之思，虽多不受职，而皆间接参与其事，相与讨论体例，别择事实。故唐以后官修诸史，独《明史》称完善焉。乾隆以后，传此派者，全祖望最著。顾炎武治史，于典章制度风俗，多论列得失，然亦好为考证。乾嘉以还，考证学统一学界，其洪波自不得不及于史，则有赵翼之《廿二史劄记》，王鸣盛之《十七史商榷》，钱大昕之《二十二史考异》，洪颐煊之《诸史考异》，皆汲其流。四书体例略同，其职志皆在考证史迹，订讹正谬。惟赵书于每代之后，常有多条胪列史中故实，用归纳法比较研究，以观盛衰治乱之源，此其特长也。其专考证一史者，则有惠栋之《后汉书补注》，梁玉绳之《史记志疑》《汉书人表考》，钱大昭之《汉书辨疑》《后汉书辨疑》《续汉书辨疑》，梁章钜之《三国志旁证》，周寿昌之《汉书注校补》《后汉书注补正》，杭世骏之《三国志补注》，其尤著也。自万斯同力言表志之重要，自著《历代史表》，此后表志专书，可观者多。顾栋高有《春秋大事表》，钱大昭有《后汉书补表》，周嘉猷有《南北史表》《三国纪年表》《五代纪年表》，洪饴孙有《三国职官表》，钱大昕有《元史氏族表》，齐召南有《历代帝王年表》。林春溥著《竹柏山房十五种》，皆考证古史，其中《战国纪年》《孔、孟年表》诸篇最精审，而官书亦有《历代职官表》。洪亮吉有《三国疆域志》《东晋疆域志》《十六国疆域志》，洪齮孙有《补梁疆域志》，钱仪吉有《补晋兵志》，侯康有《补三国艺文志》，倪灿有《宋史艺文志补》《补辽金元三史艺文志》，顾櫰三有《补五代史艺文志》，钱大昕有《补元史艺文志》，郝懿行有《补宋书刑法志食货志》，皆称善本焉。而对于古代别史杂史，亦多考证笺注，则有陈逢衡之《逸周书补注》，朱右曾之《周书集训校释》，丁宗洛之《逸周书管笺》，洪亮吉之《国语注疏》，顾广圻之《国语札记》《战国策札记》，程恩泽之《国策地名考》，郝懿行之《山海经笺疏》，陈逢衡之《竹书纪年集证》。降及晚清，研究元史，忽成为一时风尚，则有何秋涛之《元圣武亲征录校正》，李文田之《元秘史注》。凡此皆以经学考证之法，移以治史，只能谓之考证学，殆不可谓之史学。其专研究史法者，独有章学诚之《文史通义》，其价值可比刘知几《史通》。

自唐以后，罕能以私人独力著史，惟万斯同之《明史稿》，最称巨制，而魏源亦独力改著《元史》。柯劭忞之《新元史》，则近出之巨制也。源又有《圣武记》，记清一代大事，有条贯。而毕沅《续资治通鉴》亦称善本。

黄宗羲始著《明儒学案》，为学史之祖，其《宋元学案》，则其子百家与全祖望先后续成之，皆清代史学之光也。

史之缩本，则地志也。清之盛时，各省府州县皆以修志相尚，其志多出硕学之手。其在省志：《浙江通志》《广东通志》《云南通志》之总纂，则阮元也；《广西通志》，则谢启昆也；《湖北通志》，则章学诚原稿也。其在府县志：则《汾州府志》出戴震，《泾县志》《淳化县志》出洪亮吉，《三水县志》出孙星衍，《朝邑县志》出钱坫，《偃师志》《安阳志》出武亿，《富顺县志》出段玉裁，《和州志》《亳州志》《永清县志》《天门县志》出章学诚，《凤台县志》出李兆洛，《长沙志》出董祐诚，《遵义府志》出郑珍、莫友芝。凡作者皆一时之选，其书有别裁有断制，其讨论体例见于各家文集者甚周备。欲知清代史学家之特色，当于此求之。

十五

　　顾炎武、刘献廷皆酷嗜地理学，所著书皆未成，而顾祖禹之《读史方舆纪要》，言形势厄塞略尽，后人莫能尚，于是中清之地理学，亦偏于考古一途。自戴震著《水地记》，校《水经注》，而《水经》为一时研究之中心。孔继涵有《水经释地》，全祖望有《新校水经注》，赵一清有《水经注释》，张匡学有《水经注释地》，而近人杨守敬为《水经注疏》，尤集斯学大成（未刻，刻者仅《注疏要删》）。而齐召南著《水道提纲》，则循水道治今地理也。洪颐煊有《汉志水道疏证》，陈澧有《汉书地理志水道图说》，亦以水道治汉地理。阎若璩著《四书释地》，徐善著《春秋地名考略》，江永著《春秋地理考实》，焦循著《毛诗地理释》，程恩泽著《国策地名考》，皆考证先秦地理。其考证各史地理者，则吴卓信《汉书地理志补注》，杨守敬《隋书地理志考证》最精博。其通考历代者，有陈芳绩之《历代地理沿革表》，李兆洛之《历代地理志韵编今释》，皆便检阅。而杨守敬之《历代疆域志》《历代地理沿革图》，极综核，惜制图术未精，难言正确矣。自乾隆后边徼多事，嘉、道间学者渐留意西北边新疆、青海、西藏、蒙古诸地理，而徐松、张穆、何秋涛最名家，松有《西域水道记》《汉书西域传补注》《新疆识略》，穆有《蒙古游牧记》，秋涛有《朔方备乘》，渐引起研究元史的兴味，至晚清尤盛。外国地理，自徐继畬著《瀛寰志略》，魏源著《海国图志》，开始端绪，而其后竟不光大。近人丁谦于各史《外夷传》及《穆天子传》《佛国记》《大唐西域记》诸古籍，皆博加考证，成书二十余种（无总名，最近浙江图书馆校刻），颇精赡。要之清代地理学偏于考古，故活学变为死学，惟据全祖望著刘献廷传，知献廷有意治"人文地理"，惜其业不竟，而后亦无继也。

自明徐光启以后，士大夫渐好治天文算学。清初则王锡阐、梅文鼎最专精，而大师黄宗羲、江永辈皆提倡之。清圣祖尤笃嗜，召西士南怀仁等供奉内廷，风声所被，向慕尤众。圣祖著有《数理精蕴》《历象考成》。锡阐有《晓庵新法》。文鼎有《勿庵历算全书》二十九种。江永有《慎修数学》九种。戴震校《周髀》以后迄六朝唐人算书十种，命曰《算经》。自尔而后，经学家什九兼治天算。尤专门者，李锐、董祐诚、焦循、罗士琳、张作楠、刘衡、徐有壬、邹伯奇、丁取忠、李善兰、华蘅芳。锐有《李氏遗书》，祐诚有《董方立遗书》，循有《里堂学算记》，作楠有《翠微山房数学》，衡有《六九轩算书》，有壬有《务民义斋算学》，伯奇有《邹徵君遗书》，取忠有《白芙堂算学丛书》，善兰有《则古昔斋算学》。而曾国藩设江南制造局于上海，颇译泰西科学书，其算学名著，多出善兰、蘅芳手，自是所谓"西学"者渐兴矣。阮元著《畴人传》，罗士琳续补之，清代斯学变迁略具焉。兹学中国发源甚古，而光大之实在清代，学者精研虚受，各有创获，其于西来法，食而能化，足觇民族器量焉。

十六

　　金石学之在清代又彪然成一科学也。自顾炎武著《金石文字记》，实为斯学滥觞。继此有钱大昕之《潜研堂金石文跋尾》，武亿之《金石三跋》，洪颐煊之《平津馆读碑记》，严可均之《铁桥金石跋》，陈介祺之《金石文字释》，皆考证精彻，而王昶之《金石萃编》，荟录众说，颇似类书。其专举目录者，则孙星衍、邢澍之《寰宇访碑录》。其后碑版出土日多，故《萃编》《访碑录》等再三续补而不能尽。顾、钱一派专务以金石为考证经史之资料，同时有黄宗羲一派，从此中研究文史义例。宗羲著《金石要例》，其后梁玉绳、王芑孙、郭麐、刘宝楠、李富孙、冯登府等皆赓续有作。别有翁方纲、黄易一派，专讲鉴别，则其考证非以助经史矣。包世臣一派专讲书势，则美术之研究也。而叶昌炽著《语石》，颇集诸派之长，此皆石学也。其"金文学"则考证商周铜器。初，此等古物，惟集于内府，则有《西清古鉴》《宁寿鉴古》等官书，然其文字皆摹写取姿媚，失原形，又无释文，有亦臆舛。自阮元、吴荣光以封疆大吏，嗜古而力足以副之，于是收藏浸富，遂有著录。阮有《积古斋钟鼎彝器款识》，吴有《筠清馆金石文字》，研究金文之端开矣。道、咸以后日益盛，名家者有刘喜海、吴式芬、陈介祺、王懿荣、潘祖荫、吴大澂、罗振玉。式芬有《攈古录金文》，祖荫有《攀古楼彝器款识》，大澂有《愙斋集古录》，皆称精博。其所考证，多一时师友互相赏析所得，非必著者一人私言也。自金文学兴，而小学起一革命。前此尊《说文》若六经，祔孔子以许慎，至是援古文籀文以难许者纷作。若庄述祖之《说文古籀疏证》，孙诒让之《古籀拾遗》，其著也。诸器文字既可读，其事迹出古经以外者甚多，因此增无数史料，而其花文雕镂之研究，亦为美术史上可宝之资，惜今尚未有从事者耳。最近复有龟甲文之学。龟甲文者，光绪己亥在河南汤阴县出土，殆数万片，而文字不可识，共不审为何时物。后罗振玉考定为殷文，著《贞卜文字》《殷墟书契考释》《殷墟书契待问编》。而孙诒让著《名原》亦多根据甲文。近更有人言其物质非龟甲乃竹简云。惜文至简，足供史材者希，然文字变迁异同之迹可稽焉。

清儒之有功于古学者，更一端焉，则校勘也。古书传习愈希者，其传抄踵刻，讹谬愈甚，驯至不可读，而其书以废。清儒则博征善本以校雠之，校勘遂成一专门学。其成绩可纪者，若汪中、毕沅之校《大戴礼记》，周廷寀、赵怀玉之校《韩诗外传》，卢文弨之校《逸周书》，汪中、毕沅、孙诒让之校《墨子》，谢墉之校《荀子》，孙星衍之校《孙子》《吴子》，汪继培、任大椿、秦恩复之校《列子》，顾广圻之校《国语》《战国策》《韩非子》，毕沅、梁玉绳之校《吕氏春秋》，严可均之校《慎子》《商君书》，毕沅之校《山海经》，洪颐煊之校《竹书纪年》《穆天子传》，丁谦之校《穆天子传》，戴震、卢文弨之校《春秋繁露》，汪中之校《贾谊新书》，戴震之校《算经十书》，戴震、全祖望之校《水经注》，顾广圻之校《华阳国志》。诸所校者，或遵善本，或据他书所征引，或以本文上下互证，或是正其文字，或厘定其句读，或疏证其义训，往往有前此不可索解之语句，一旦昭若发蒙。其功尤巨者，则所校多属先秦诸子，因此引起研究诸子学之兴味。盖自汉武罢黜百家以后，直至清之中叶，诸子学可谓全废。若荀若墨，以得罪孟子之故，几莫敢齿及。及考证学兴，引据惟古是尚，学者始思及六经以外，尚有如许可珍之籍。故王念孙《读书杂志》，已推勘及于诸子。其后俞樾亦著《诸子平议》，与《群经平议》并列。而汪、戴、卢、孙、毕诸贤，乃遍取古籍而校之。夫校其文必寻其义，寻其义则新理解出矣。故汪中之《荀卿子通论》《墨子序》《墨子后序》(并见《述学》)，孙星衍之《墨子序》(平津馆丛书本《墨子》)，我辈今日读之，诚觉甚平易，然在当日，固发人所未发，且言人所不敢言也。后此洪颐煊著《管子义证》，孙诒让著《墨子间诂》，王先慎著《韩非子集解》，则跻诸经而为之注矣。及今而稍明达之学者，皆以子与经并重。思想蜕变之枢机，有掊于彼而辟于此者，此类是已。

吾辈尤有一事当感谢清儒者，曰辑佚。书籍经久必渐散亡，取各史艺文、经籍等志校其存佚易见也。肤芜之作，存亡固无足轻重；名著失坠，则国民之遗产损焉。乾隆中修《四库全书》，其书之采自《永乐大典》者以百计，实开辑佚之先声。此后兹业日昌，自周秦诸子，汉人经注，魏晋六朝逸史逸集，苟有片语留存，无不搜罗最录。其取材则唐宋间数种大类书，如《艺文类聚》《初学记》《太平御览》等最多，而诸经注疏及他书，凡可搜者无不遍。当时学者从事此业者甚多，不备举。而马国翰之《玉函山房辑佚书》，分经史子三部，集所辑至数百种，他可推矣。遂使《汉志》诸书、《隋、唐志》久称已佚者，今乃累累现于吾辈之藏书目录中，虽复片鳞碎羽，而受赐则既多矣。

十七

呜呼，自吾之生，而乾嘉学者已零落略尽，然十三岁肄业于广州之学海堂，堂则前总督阮元所创，以朴学教于吾乡者也。其规模矩矱，一循百年之旧。十六七岁游京师，亦获交当时耆宿数人，守先辈遗风不替者。中间涉览诸大师著述，参以所闻见，盖当时"学者"社会之状况，可仿佛一二焉。

大抵当时好学之士，每人必置一"札记册子"，每读书有心得则记焉。盖清学祖顾炎武，而炎武精神传于后者在其《日知录》。其自述曰："所著《日知录》三十余卷，平生之志与业皆在其中。"（《亭林文集·与友人论门人书》）又曰："承问《日知录》又成几卷，而某自别来一载，早夜诵读，反复寻觅，仅得十余条。"（同，《与人书》十）其成之难而视之重也如此。推原札记之性质，本非著书，不过储著书之资料，然清儒最戒轻率著书，非得有极满意之资料，不肯遽为定本，故往往有终其身在预备资料中者。又当时第一流学者所著书，恒不欲有一字余于己所心得之外。著专书或专篇，其范围必较广泛，则不免于所心得外摭拾冗词以相凑附，此非诸师所乐，故宁以札记体存之而已。夫吾固屡言之矣，清儒之治学，纯用归纳法，纯用科学精神。此法此精神，果用何种程序始能表现耶？第一步，必先留心观察事物，觑出某点某点有应特别注意之价值。第二步，既注意于一事项，则凡与此事项同类者或相关系者，皆罗列比较以研究之。第三步，比较研究的结果，立出自己一种意见。第四步，根据此意见，更从正面旁面反面博求证据，证据备则渐为定说，遇有力之反证则弃之。凡今世一切科学之成立，皆循此步骤，而清考证家之每立一说，亦必循此步骤也。既已如此，则试思每一步骤进行中，所需资料几何，精力几何，非用极绵密之札记安能致者？训诂学之模范的名著，共推王引之《经传释词》、俞樾《古书疑义举例》。苟一察其内容，即可知其实先有数千条之札记，后乃组织而成书。又不惟专书为然耳，即在札记本身中，其精到者，亦必先之以初稿之札记——例如钱大昕发明古书轻唇音，试读《十驾斋养新录》本条，即知其必先有百数十条之初稿札记，乃能产出——故顾氏谓一年仅能得十余条，非虚言也。由此观之，则札记实为治此学者所最必要，而欲知清儒治学次第及其得力处，固当于此求之。札记之书则夥矣，其最可观者，《日知录》外，则有阎若璩之《潜邱劄记》，钱大昕之《十驾斋养新录》，臧琳之《经义杂记》，卢文弨之《钟山札记》《龙城札记》，孙志祖之《读书脞录》，王鸣盛之《蛾术编》，汪中之《知新记》，洪亮吉之《晓读书斋四录》，赵翼之《陔馀丛考》，王念孙之《读书杂志》，王引之之《经义述闻》，何焯之《义门读书记》，臧庸之《拜经日记》，梁玉绳之《瞥记》，俞正燮之《癸巳类稿》《癸巳存稿》，宋翔凤之《过庭录》，陈澧之《东塾读书记》等。其他不可殚举。各家札记，精粗之程度不同，即同一书中，每条价值亦有差别。有纯属原料性质者（对于一事项初下注意的观察者），有渐成为粗制品者（胪列比

较而附以自己意见者），有已成精制品者（意见经反复引证后
认为定说者），而原料与粗制品，皆足为后人精制所取资，此
其所以可贵也。要之当时学者喜用札记，实一种困知勉行工夫，
其所以能绵密深入而有创获者，颇恃此，而今亡矣。

　　清儒既不喜效宋明人聚徒讲学，又非如今之欧美有种种学
会学校为聚集讲习之所，则其交换智识之机会，自不免缺乏。
其赖以补之者，则函札也。后辈之谒先辈，率以问学书为贽——
有著述者则媵以著述——先辈视其可教者，必报书，释其疑滞
而奖进之。平辈亦然，每得一义，辄驰书其共学之友相商榷，
答者未尝不尽其词。凡著一书成，必经挚友数辈严勘得失，乃
以问世，而其勘也皆以函札。此类函札，皆精心结撰，其实即
著述也。此种风气，他时代亦间有之，而清为独盛。

　　其为文也朴实说理，言无枝叶，而旨壹归于雅正。语录文体，
所不喜也，而亦不以奇古为尚。顾炎武之论文曰："孔子言：'其
旨远，其辞文。'又曰：'言之无文，行而不远。'曾子曰：'出辞气，
斯远鄙倍。'今讲学先生从语录入者，多不善修辞。"又曰："时
有今古，非文有今古，今之不能为二汉，犹二汉之不能为《尚书》
《左氏》，乃剿取《史》《汉》中文法以为古，甚者猎其一二字
句用之于文，殊为不称，……舍今日恒用之字而借古字之通用
者，文人所以自盖其俚浅也。"（《日知录》十九）清学皆宗炎武，
文亦宗之。其所奉为信条者，一曰不俗，二曰不古，三曰不枝。
盖此种文体于学术上之说明，最为宜矣，然因此与当时所谓"古
文家"者每不相容。美文，清儒所最不擅长也。诸经师中，殆
无一人能为诗者——集中多皆有诗，然真无足观——其能为词
者，仅一张惠言；能为骈体文者，有孔广森、汪中、凌廷堪、
洪亮吉、孙星衍、董祐诚，其文仍力洗浮艳，如其学风。

十八

　　兹学盛时，凡名家者，比较的多耿介恬退之士。时方以科举笼罩天下，学者自宜什九从兹途出。大抵后辈志学之士未得第者，或新得第而俸入薄者，恒有先辈延主其家为课子弟；此先辈亦以子弟畜之，常奖诱增益其学；此先辈家有藏书，足供其研索；所交游率当代学者，常得陪末座以广其闻见，于是所学渐成矣。官之迁皆以年资，人无干进之心，即干亦无幸获。得第早而享年永者，则驯跻卿相，否则以词馆郎署老。俗既俭朴，事畜易周，而寒士素惯淡泊，故得与世无竞，而终其身于学。京官簿书期会至简，惟日夕闭户亲书卷，得间与同气相过从，则互出所学相质。琉璃厂书贾，渐染风气，大可人意，每过一肆，可以永日，不啻为京朝士夫作一公共图书馆——凌廷堪佣于书坊以成学——学者滋便焉。其有外任学差或疆吏者，辄妙选名流充幕选，所至则网罗遗逸，汲引后进，而从之游者，既得以稍裕生计，亦自增其学。其学成名著而厌仕宦者，亦到处有逢迎，或书院山长，或各省府州县修志，或大族姓修谱，或有力者刻书请鉴定，皆其职业也。凡此皆有相当之报酬，又有益于学业，故学者常乐就之。吾常言：欲一国文化进展，必也社会对于学者有相当之敬礼；学者恃其学足以自养，无忧饥寒，然后能有余裕以从事于更深的研究，而学乃日新焉。近世欧洲学问多在此种环境之下培养出来，而前清乾嘉时代，则亦庶几矣。

欧洲文艺复兴，固由时代环境所酝酿，与二三豪俊所浚发，然尚有立乎其后以翼而辅之者，若罗马教皇尼古拉第五，佛罗陵士之梅忒西家父子，拿波里王阿尔芬梭，以及其他意大利自由市府之豪商阀族，皆沾染一时风尚，为之先后疏附，直接间接提倡奖借者不少，故其业益昌。清学之在全盛期也亦然。清高宗席祖父之业，承平殷阜，以右文之主自命，开四库馆，修《一统志》，纂《续三通》《皇朝三通》，修《会典》，修《通礼》，日不暇给，其事皆有待于学者。内外大僚承风宏奖者甚众。嘉庆间，阮元、毕沅之流，本以经师致身通显，任封疆，有力养士，所至提倡，隐然兹学之护法神也。淮南盐商，既穷极奢欲，亦趋时尚，思自附于风雅，竞蓄书画图器，邀名士鉴定，洁亭舍、丰馆谷以待。其时刻书之风甚盛，若黄丕烈、鲍廷博辈固自能别择雠校，其余则多有力者欲假此自显，聘名流董其事。乃至贩鸦片起家之伍崇曜，亦有《粤雅堂丛书》之刻，而其书且以精审闻，他可推矣。夫此类之人，则何与于学问？然固不能谓其于兹学之发达无助力，与南欧巨室豪贾之于文艺复兴，若合符契也。吾乃知时代思潮之为物，当运动热度最高时，可以举全社会各部分之人人，悉参加于此运动。其在中国，则晚明之心学，盛清之考证，皆其例也。

十九

　　以上诸节所论，皆为全盛期之正统派。此派远发源于顺、康之交，直至光、宣，而流风余韵，虽替未沫，直可谓与前清朝运相终始。而中间乾、嘉、道百余年间，其气象更掩袭一世，实更无他派足与抗颜行。若强求其一焉，则固有在此统一的权威之下而常怀反侧者，即所谓"古文家"者是已。

　　宋明理学极敝，然后清学兴。清学既兴，治理学者渐不复能成军。其在启蒙期，犹为程朱陆王守残垒者，有孙奇逢、李中孚、刁包、张履祥、张尔岐、陆陇其、陆世仪诸人，皆尚名节厉实行，粹然纯儒，然皆硁硁自守，所学遂不克光大。同时有汤斌、李光地、魏象枢、魏裔介辈，亦治宋学，颇媕婀投时主好以跻通显。时清学壁垒未立，诸大师著述谈说，往往出入汉宋，则亦相忘于道术而已。乾隆之初，惠、戴崛起，汉帜大张，畴昔以宋学鸣者，颇无颜色。时则有方苞者，名位略似斌、光地等，尊宋学，笃谨能躬行，而又好为文。苞，桐城人也，与同里姚范、刘大櫆共学文，诵法曾巩、归有光，造立所谓古文义法，号曰"桐城派"。又好述欧阳修"因文见道"之言，以孔、孟、韩、欧、程、朱以来之道统自任，而与当时所谓汉学者互相轻。范从子鼐，欲从学戴震。震固不好为人师，谢之。震之规古文家也曰："诸君子之为之也，曰：是道也，非艺也。夫道固有存焉者矣，如诸君子之文，亦恶睹其非艺欤？"（《东原集·与方希原书》）钱大昕亦曰："方氏所谓古文义法者，特世俗选本之古文，……法且不知，义更何有？……若方氏乃真不读书之甚者，吾兄特以其波澜意度近于古而喜之。……"（《潜研堂集》三十三《与友人书》）由是诸方诸姚颇不平。鼐屡为文诋汉学破碎，而方东树著《汉学商兑》，遍诋阎、胡、惠、戴所学，不遗余力，自是两派始交恶。其后阳湖恽敬、陆继辂自"桐城"受义法而稍变其体；张惠言、李兆洛皆治考证学，而亦好为文，与恽、陆同气，号"阳湖派"。戴、段派之考证学，虽披靡一世，然规律太严整，且亦声希味淡，不能悉投众嗜，故诵习两派古文家者卒不衰，然才力薄，罕能张其军者。咸、同间，曾国藩善为文而极尊"桐城"，尝为《圣哲画像赞》，至跻姚鼐与周公、孔子并列。国藩功业既焜耀一世，"桐城"亦缘以增重，至今犹有挟之以媚权贵欺流俗者。平心论之，"桐城"开派诸人，本狷洁自好，当"汉学"全盛时而奋然与抗，亦可谓有勇，不能以其末流之堕落归罪于作始。然此派者，以文而论，因袭矫揉，无所取材；以学而论，则奖空疏，阏创获，无益于社会。且其在清代学界，始终未尝占重要位置，今后亦断不复能自存，置之不论焉可耳。

方东树之《汉学商兑》，却为清代一极有价值之书。其书成于嘉庆间，正值正统派炙手可热之时，奋然与抗，亦一种革命事业也。其书为宋学辩护处，固多迂旧，其针砭汉学家处，却多切中其病，就中指斥言"汉易"者之矫诬，及言典章制度之莫衷一是，尤为知言。后此治汉学者颇欲调和汉宋，如阮元著《性命古训》；陈澧著《汉儒通义》，谓汉儒亦言理学，其《东塾读书记》中有《朱子》一卷，谓朱子亦言考证，盖颇受此书之反响云。

在全盛期与蜕分期之间，有一重要人物，曰会稽章学诚。学诚不屑屑于考证之学，与正统派异。其言"六经皆史"，且极尊刘歆《七略》，与今文家异。然其所著《文史通义》，实为乾嘉后思想解放之源泉。其言"贤智学于圣人，圣人学于百姓"，"集大成者乃周公而非孔子"（《原道》篇）；言"六经皆史，而诸子又皆出于六经"（《易教》《诗教》《经解》诸篇）；言"战国以前无著述"（《诗教》篇）；言"古人之言，所以为公，未尝私据为己有"（《言公》篇）;言"古之糟粕，可以为今之精华"（《说林》篇）；言"后人之学胜于前人，乃后起之智虑所应尔"（《朱陆》篇）；言"学术与一时风尚不必求适合"（《感遇》篇）；言"文不能彼此相易，不可舍己之所求以摩古人之形似"（《文理》篇）；言"学贵自成一家，人所能者，我不必以不能为愧"（《博约》篇）。书中创见类此者不可悉数，实为晚清学者开拓心胸，非直史家之杰而已。

二十

道、咸以后，清学曷为而分裂耶？其原因，有发于本学派之自身者，有由环境之变化所促成者。

所谓发于本学派自身者何耶？其一，考证学之研究方法虽甚精善，其研究范围却甚拘迂。就中成绩最高者，惟训诂一科，然经数大师发明略尽，所余者不过糟粕。其名物一科，考明堂，考燕寝，考弁服，考车制，原物今既不存，聚讼终末由决。典章制度一科，言丧服，言禘祫，言封建，言井田，在古代本世有损益变迁，即群书亦末由折中通会。夫清学所以能夺明学之席而与之代兴者，毋亦曰彼空而我实也。今纷纭于不可究诘之名物制度，则其为空也，与言心言性者相去几何？甚至言《易》者摈"河图洛书"而代以"卦气爻辰"，其矫诬正相类。诸如此类者尚多，殊不足以服人。要之清学以提倡一"实"字而盛，以不能贯彻一"实"字而衰，自业自得，固其所矣。其二，凡一有机体发育至一定限度，则凝滞不复进，因凝滞而腐败，而衰谢，此物理之恒也。政制之蜕变也亦然，学派之蜕变也亦然。清学之兴，对于明之"学阀"而行革命也。乃至乾嘉以降，而清学已自成为炙手可热之一

"学阀"。即如方东树之《汉学商兑》，其意气排轧之处固甚多，而切中当时流弊者抑亦不少，然正统派诸贤，莫之能受，其驽卒之依附末光者，且盛气以临之。于是思想界成一"汉学专制"之局。学派自身，既有缺点，而复行以专制，此破灭之兆矣。其三，清学家既教人以尊古，又教人以善疑。既尊古矣，则有更古焉者，固在所当尊。既善疑矣，则当时诸人所共信者，吾曷为不可疑之？盖清学经乾嘉全盛以后，恰如欧洲近世史初期，各国内部略奠定，不能不有如科仑布其人者别求新陆，故在本派中有异军突起，而本派之命运，遂根本摇动，则亦事所必至、理有固然矣。

所谓由环境之变化所促成者何耶？其一，清初"经世致用"之一学派所以中绝者，固由学风正趋于归纳的研究法，厌其空泛，抑亦因避触时忌，聊以自藏。嘉、道以还，积威日弛，人心已渐获解放，而当文恬武嬉之既极，稍有识者，咸知大乱之将至。追寻根原，归咎于学非所用，则最尊严之学阀，自不得不首当其冲。其二，清学之发祥地及根据地，本在江浙。咸、同之乱，江浙受祸最烈，文献荡然，后起者转徙流离，更无余裕以自振其业，而一时英拔之士，奋志事功，更不复以学问为重。凡学术之赓续发展，非比较的承平时代则不能。咸、同间之百学中落，固其宜矣。其三，"鸦片战役"以后，志士扼腕切齿，引为大辱奇戚，思所以自湔拔，经世致用观念之复活，炎炎不可抑。又海禁既开，所谓"西学"者逐渐输入，始则工艺，次则政制。学者若生息于漆室之中，不知室外更何所有，忽穴一牖外窥，则粲然者皆昔所未睹也，还顾室中，则皆沉黑积秽。于是对外求索之欲日炽，对内厌弃之情日烈。欲破壁以自拔于此黑暗，不得不先对于旧政治而试奋斗，于是以其极幼稚之"西学"知识，与清初启蒙期所谓"经世之学"者相结合，别树一派，向于正统派公然举叛旗矣。此则清学分裂之主要原因也。

二十一

　　清学分裂之导火线，则经学今古文之争也。何谓今古文？初，秦始皇焚书，六经绝焉。汉兴，诸儒始渐以其学教授，而亦有派别。《易》则有施（雠）、孟（喜）、梁丘（贺）三家，而同出田何；《书》则有欧阳（生）、大夏侯（胜）、小夏侯（建）三家，而同出伏胜；《诗》则有齐、鲁、韩三家，《鲁诗》出申公，《齐诗》出辕固，《韩诗》出韩婴；《春秋》则惟《公羊传》，有严（彭祖）、颜（安乐）两家，同出胡毋生、董仲舒；《礼》则惟《仪礼》，有大戴（德）、小戴（圣）、庆（普）三家，而同出高堂生。此十四家者，皆汉武帝、宣帝时立于学官，置博士教授，其写本皆用秦汉时通行篆书，谓之今文。《史记·儒林传》所述经学传授止此，所谓十四博士是也。逮西汉之末，则有所谓古文经传出焉。《易》则有费氏，谓东莱人费直所传；《书》则有孔氏，谓孔子裔孙安国发其壁藏所献；《诗》则有毛氏，谓河间献王博士毛公所传；《春秋》则《左氏传》，谓张苍曾以教授；《礼》则有《逸礼》三十九篇，谓鲁共王得自孔子坏宅中；又有《周官》，谓河间献王所得。此诸经传者，皆以蝌蚪文字写，故谓之古文。两汉经师，多不信古文。刘歆屡求以立学官，不得。歆《移书让太常博士》，谓其"专己守残，党同妒真"者也。王莽擅汉，歆挟莽力立之；光武复废之，东京初叶，信者殊稀；至东汉末，大师服虔、马融、郑玄皆尊习古文，古文学遂大昌。而其时争论焦点，则在《春秋公羊传》。今文大家何休著《左氏膏肓》《穀梁废疾》《公羊墨守》，古文大家郑玄则著《箴膏肓》《起废疾》《发墨守》以驳之。玄既淹博，遍注群经，其后晋杜预、王肃皆衍其绪，今文学遂衰。此两汉时今古文哄争之一大公案也。

南北朝以降，经说学派，只争郑（玄）、王（肃），今古文之争遂熄。唐陆德明著《释文》，孔颖达著《正义》，皆杂宗郑、王。今所传《十三经注疏》者，《易》用王（弼）注，《书》用伪孔（安国）传，《诗》用毛传郑笺，《周礼》《仪礼》《礼记》皆用郑注，《春秋左氏传》用杜（预）注，其余诸经，皆汲晚汉古文家之流。西汉所谓十四博士者，其学说皆亡，仅存者惟《春秋公羊传》之何（休）注而已。自宋以后，程朱等亦遍注诸经，而汉唐注疏废。入清代则节节复古，顾炎武、惠士奇辈专提倡注疏学，则复于六朝、唐。自阎若璩攻伪古文《尚书》，后证明作伪者出王肃，学者乃重提南北朝郑、王公案，绌王申郑，则复于东汉。乾嘉以来，家家许、郑，人人贾、马，东汉学烂然如日中天矣。悬崖转石，非达于地不止，则西汉今古文旧案，终必须翻腾一度，势则然矣。

二十二

今文学之中心在《公羊》，而《公羊》家言，则真所谓"其中多非常异义可怪之论"（何休《公羊传》注自序），自魏晋以还，莫敢道焉。今《十三经注疏》本，《公羊传》虽用何注，而唐徐彦为之疏，于何义一无发明。《公羊》之成为绝学，垂二千年矣。清儒既遍治古经，戴震弟子孔广森始著《公羊通义》，然不明家法，治今文学者不宗之。今文学启蒙大师，则武进庄存与也。存与著《春秋正辞》，刊落训诂名物之末，专求其所谓"微言大义"者，与戴、段一派所取涂径，全然不同。其同县后进刘逢禄继之，著《春秋公羊经何氏释例》，凡何氏所谓非常异义可怪之论，如"张三世""通三统""绌周王鲁""受命改制"诸义，次第发明，其书亦用科学的归纳研究法，有条贯，有断制，在清人著述中，实最有价值之创作。段玉裁外孙龚自珍，既受训诂学于段，而好今文，说经宗庄、刘。自珍性跌宕，不检细行，颇似法之卢骚；喜为要眇之思，其文辞俶诡连犿，当时之人弗善也，而自珍益以此自憙，往往引《公羊》义讥切时政，诋排专制；晚岁亦耽佛学，好谈名理。综自珍所学，病在不深入，所有思想，仅引其绪而止，又为瑰丽之辞所掩，意不豁达。虽然，晚清思想之解放，自珍确与有功焉。光绪间所谓新学家者，大率人人皆经过崇拜龚氏之一时期。初读《定庵文集》，若受电然，稍进乃厌其浅薄。然今文学派之开拓，实自龚氏。夏曾佑赠梁启超诗云："璱人（龚）申受（刘）出方耕（庄），孤绪微茫接董生（仲舒）。"此言"今文学"之渊源最分明。拟诸"正统派"，庄可比顾，龚、刘则阎、胡也。

"今文学"之初期，则专言《公羊》而已，未及他经。然因此知汉代经师家法，今古两派，截然不同，知贾、马、许、郑，殊不足以尽汉学。时辑佚之学正极盛，古经说片语只字，搜集不遗余力，于是研究今文遗说者渐多。冯登府有《三家诗异文疏证》，陈寿祺有《三家诗遗说考》，陈乔枞有《今文尚书经说考》《尚书欧阳夏侯遗说考》《三家诗遗说考》《齐诗翼氏学疏证》，迮鹤寿有《齐诗翼氏学》，然皆不过言家法同异而已，未及真伪问题。道光末，魏源著《诗古微》，始大攻《毛传》及《大小序》，谓为晚出伪作，其言博辩，比于阎氏之《书疏证》，且亦时有新理解。其论《诗》不为美刺而作，谓："美刺固《毛诗》一家之例，……作诗者自道其情，情达而止，……岂有欢愉哀乐，专为无病代呻者耶？"（《诗古微·齐鲁韩毛异同论》中）此深合"为文艺而作文艺"之旨，直破二千年来文家之束缚。又论诗乐合一，谓："古者乐以诗为体，孔子正乐即正诗。"（同，《夫子正乐论》上）皆能自创新见，使古书顿带活气。源又著《书古微》，谓不惟东晋晚出之古文《尚书》（即阎氏所攻者）为伪也，东汉马、郑之古文说，亦非孔安国之旧。同时邵懿辰亦著《礼经通论》，谓《仪礼》十七篇为足本，所谓古文《逸礼》三十九篇者，出刘歆伪造。而刘逢禄故有《左氏春秋考证》，谓此书本名《左氏春秋》，不名《春秋左氏传》，与《晏子春秋》

《吕氏春秋》同性质，乃记事之书，非解经之书；其解经者，皆刘歆所窜入，《左氏传》之名，亦歆所伪创。盖自刘书出而《左传》真伪成问题，自魏书出而《毛诗》真伪成问题，自邵书出而《逸礼》真伪成问题。若《周礼》真伪，则自宋以来成问题久矣。初时诸家不过各取一书为局部的研究而已，既而寻其系统，则此诸书者，同为西汉末出现，其传授端绪，俱不可深考，同为刘歆所主持争立。质言之，则所谓古文诸经传者，皆有连带关系，真则俱真，伪则俱伪。于是将两汉今古文之全案，重提覆勘，则康有为其人也。

今文学之健者，必推龚、魏。龚、魏之时，清政既渐陵夷衰微矣。举国方沉酣太平，而彼辈若不胜其忧危，恒相与指天画地，规天下大计。考证之学，本非其所好也，而因众所共习，则亦能之，能之而颇欲用以别辟国土，故虽言经学，而其精神与正统派之为经学而治经学者则既有以异。自珍、源皆好作经济谈，而最注意边事。自珍作《西域置行省议》，至光绪间实行，则今新疆也，又著《蒙古图志》，研究蒙古政俗而附以论议（未刻）。源有《元史》，有《海国图志》，治域外地理者，源实为先驱。故后之治今文学者，喜以经术作政论，则龚、魏之遗风也。

二十三

今文学运动之中心，曰南海康有为。然有为盖斯学之集成者，非其创作者也。有为早年，酷好《周礼》，尝贯穴之著《政学通议》，后见廖平所著书，乃尽弃其旧说。廖平者，王闿运弟子。闿运以治《公羊》闻于时，然故文人耳，经学所造甚浅，其所著《公羊笺》，尚不逮孔广森。平受其学，著《四益馆经学丛书》十数种，颇知守今文家法。晚年受张之洞贿逼，复著书自驳。其人固不足道，然有为之思想，受其影响，不可诬也。有为最初所著书曰《新学伪经考》。"伪经"者，谓《周礼》《逸礼》《左传》及《诗》之毛传，凡西汉末刘歆所力争立博士者。"新学"者，谓新莽之学。时清儒诵法许、郑者，自号曰"汉学"，有为以为此新代之学，非汉代之学，故更其名焉。《新学伪经考》之要点：一、西汉经学，并无所谓古文者，凡古文皆刘歆伪作。二、秦焚书，并未厄及六经，汉十四博士所传，皆孔门足本，并无残缺。三、孔子时所用字，即秦汉间篆书，即以"文"论，亦绝无今古之目。四、刘歆欲弥缝其作伪之迹，故校中秘书时，于一切古书多所羼乱。五、刘歆所以作伪经之故，因欲佐莽篡汉，先谋湮乱孔子之微言大义。诸所主张，是否悉当，且勿论，要之此说一出，而所生影响有二：第一，清学正统派之立脚点，根本摇动。第二，一切古书，皆须从新检查估价，此实思想界之一大飓风也。有为弟子有陈千秋、梁启超者，并夙治考证学，陈尤精洽，闻有为说，则尽弃其学而学焉。《伪经考》之著，二人者多所参与，亦时时病其师之武断，然卒莫能夺也。实则此书大体皆精当，其可议处乃在小节目。乃至谓《史记》《楚辞》经刘歆羼入者数十条，出土之钟鼎彝器，皆刘歆私铸埋藏以欺后世，此实为事理之万不可通者，而有为必力持之。实则其主张之要点，并不必借重于此等枝词强辩而始成立，而有为以好博好异之故，往往不惜抹杀证据或曲解证据，以犯科学家之大忌，此其所短也。有为之为人也，万事纯任主观，自信力极强，而持之极毅。其对于客观的事实，或竟蔑视，或必欲强之以从我。其在事业上也有然，其在学问上也亦有然；其所以自成家数崛起一时者以此，其所以不能立健实之基础者亦以此；读《新学伪经考》而可见也。《新学伪经考》出甫一年，遭清廷之忌，毁其板，传习颇稀。其后有崔适者，著《史记探源》《春秋复始》二书，皆引申有为之说，益加精密，今文派之后劲也。

有为第二部著述，曰《孔子改制考》。其第三部著述，曰《大同书》。若以《新学伪经考》比飓风，则此二书者，其火山大喷火也，其大地震。有为之治《公羊》也，不龂龂于其书法义例之小节，专求其微言大义，即何休所谓非常异义可怪之论者。定《春秋》为孔子改制创作之书，谓文字不过其符号，如电报之密码，如乐谱之音符，非口授不能明。又不惟《春秋》而已，凡六经皆孔子所作，昔人言孔子删述者误也。孔子盖自立一宗旨而凭之以进退古人去取古籍。孔子改制，恒托于古。尧舜者，孔子所托也。其人有无不可知，即有，亦至寻常。经典中尧舜之盛德大业，皆孔子理想上所构成也。又不惟孔子而已，周秦诸子罔不改制，罔不托古。老子之托黄帝，墨子之托大禹，许行之托神农，是也。近人祖述何休以治《公羊》者，若刘逢禄、龚自珍、陈立辈，皆言改制，而有为之说，实与彼异。有为所谓改制者，则一种政治革命、社会改造的意味也，故喜言"通三统"。"三统"者，谓夏、商、周三代不同，当随时因革也。喜言"张三世"。"三世"者，谓据乱世、升平世、太平世，愈改而愈进也。有为政治上"变法维新"之主张，实本于此。有为谓孔子之改制，上掩百世，下掩百世，故尊之为教主；误认欧洲之尊景教为治强之本，故恒欲侪孔子于基督，乃杂引谶纬之言以实之；于是有为心目中之孔子，又带有"神秘性"矣。《孔子改制考》之内容，大略如此，其所及于思想界之影响，可得言焉。

一、教人读古书，不当求诸章句训诂名物制度之末，当求其义理。所谓义理者，又非言心言性，乃在古人创法立制之精意。于是汉学、宋学，皆所吐弃，为学界别辟一新殖民地。

二、语孔子之所以为大，在于建设新学派（创教），鼓舞人创作精神。

三、《伪经考》既以诸经中一大部分为刘歆所伪托，《改制考》复以真经之全部分为孔子托古之作，则数千年来共认为神圣不可侵犯之经典，根本发生疑问，引起学者怀疑批评的态度。

四、虽极力推挹孔子，然既谓孔子之创学派与诸子之创学派，同一动机，同一目的，同一手段，则已夷孔子于诸子之列。所谓"别黑白定一尊"之观念，全然解放，导人以比较的研究。

二十四

右两书皆有为整理旧学之作，其自身所创作，则《大同书》也。初，有为既从学于朱次琦毕业，退而独居西樵山者两年，专为深沉之思，穷极天人之故，欲自创一学派，而归于经世之用。有为以《春秋》"三世"之义说《礼运》，谓"升平世"为"小康"，"太平世"为"大同"。《礼运》之言曰："大道之行也，天下为公，选贤与能，讲信修睦。故人不独亲其亲，不独子其子，使老有所归，壮有所用，幼有所长，鳏寡孤独废疾者皆有所养。男有分，女有归，货恶其弃于地也，不必藏诸己，力恶其不出于身也，不必为己，……是谓大同。"此一段者，以今语释之，则民治主义存焉（天下……与能），国际联合主义存焉（讲信修睦），儿童公育主义存焉（故人不……其子），老病保险主义存焉（使老有……有所养），共产主义存焉（货恶……藏诸己），劳作神圣主义存焉（力恶……为己）。有为谓此为孔子之理想的社会制度，谓《春秋》所谓"太平世"者即此，乃衍其条理为书，略如左：

一、无国家，全世界置一总政府，分若干区域。

二、总政府及区政府皆由民选。

三、无家族，男女同栖不得逾一年，届期须易人。

四、妇女有身者入胎教院，儿童出胎者入育婴院。

五、儿童按年入蒙养院，及各级学校。

六、成年后由政府指派分任农工等生产事业。

七、病则入养病院，老则入养老院。

八、胎教、育婴、蒙养、养病、养老诸院，为各区最高之设备，入者得最高之享乐。

九、成年男女，例须以若干年服役于此诸院，若今世之兵役然。

十、设公共宿舍、公共食堂，有等差，各以其劳作所入自由享用。

十一、警惰为最严之刑罚。

十二、学术上有新发明者，及在胎教等五院有特别劳绩者，得殊奖。

十三、死则火葬，火葬场比邻为肥料工厂。

《大同书》之条理略如是。全书数十万言，于人生苦乐之根原、善恶之标准，言之极详辩，然后说明其立法之理由。其最要关键，在毁灭家族。有为谓佛法出家，求脱苦也，不如使其无家可出；谓私有财产为争乱之源，无家族则谁复乐有私产？若夫国家，则又随家族而消灭者也。有为悬此鹄为人类进化之极轨，至其当由何道乃能致此，则未尝言。其第一眼目所谓男女同栖当立期限者，是否适于人性，则亦未甚能自完其说。虽然，有为著此书时，固一无依傍，一无剿袭，在三十年前，而其理想与今世所谓世界主义、社会主义者多合符契，而陈义之高且过之。呜呼！真可谓豪杰之士也已。

有为虽著此书，然秘不以示人，亦从不以此义教学者，谓今方为"据乱"之世，只能言小康，不能言大同，言则陷天下于洪水猛兽。其弟子最初得读此书者，惟陈千秋、梁启超，读则大乐，锐意欲宣传其一部分。有为弗善也，而亦不能禁其所为，后此万木草堂学徒多言大同矣。而有为始终谓当以小康义救今世，对于政治问题，对于社会道德问题，皆以维持旧状为职志。自发明一种新理想，自认为至善至美，然不愿其实现，且竭全力以抗之遏之，人类秉性之奇诡，度无以过是者。有为当中日战役后，纠合青年学子数千人上书言时事，所谓"公车上书"者是也。中国之有"群众的政治运动"，实自此始。然有为既欲实行其小康主义的政治，不能无所求于人，终莫之能用，屡遭窜逐。而后辈多不喜其所为，相与诋诃之。有为亦果于自信，而轻视后辈，益为顽旧之态以相角。今老矣，殆不复与世相闻问，遂使国中有一大思想家，而国人不蒙其泽，悲夫！启超屡请印布其《大同书》，久不许，卒乃印诸《不忍杂志》中，仅三之一，杂志停版，竟不继印。

二十五

对于"今文学派"为猛烈的宣传运动者，则新会梁启超也。启超年十三，与其友陈千秋同学于学海堂，治戴、段、王之学，千秋所以辅益之者良厚。越三年，而康有为以布衣上书被放归，举国目为怪。千秋、启超好奇，相将谒之，一见大服，遂执业为弟子，共请康开馆讲学，则所谓万木草堂是也。二人者学数月，则以其所闻昌言于学海堂，大诋诃旧学，与长老侪辈辩诘无虚日。有为不轻以所学授人，草堂常课，除《公羊传》外，则点读《资治通鉴》《宋元学案》《朱子语类》等，又时时习古礼。千秋、启超弗嗜也，则相与治周秦诸子及佛典，亦涉猎清儒经济书及译本西籍，皆就有为决疑滞。居一年，乃闻所谓"大同义"者，喜欲狂，锐意谋宣传。有为谓非其时，然不能禁也。又二年，而千秋卒（年二十二），启超益独力自任。启超治《伪经考》，时复不慊于其师之武断，后遂置不复道。其师好引纬书，以神秘性说孔子，启超亦不谓然。启超谓孔门之学，后衍为孟子、荀卿两派，荀传小康，孟传大同。汉代经师，不问为今文家古文家，皆出荀卿（汪中说），二千年间，宗派屡变，壹皆盘旋荀学肘下，孟学绝而孔学亦衰。于是专以绌荀申孟为标帜，引《孟子》中诛责"民贼""独夫","善战服上刑","授田制产"诸义,谓为大同精意所寄,日倡道之;又好《墨子》,诵说其"兼爱""非攻"诸论。启超屡游京师,渐交当世士大夫,而其讲学最契之友,曰夏曾佑、谭嗣同。曾佑方治龚、刘今文学,每发一义,辄相视莫逆。其后启超亡命日本,曾佑赠以诗,中有句曰:"……冥冥兰陵(荀卿)门,万鬼头如蚁,质多(魔鬼)举只手,阳乌为之死。袒裼往暴之,一击类执豕,酒酣掷杯起,跌宕笑相视。颇谓宙合间,只此足欢喜。……"此可想见当时彼辈"排荀"运动,实有一种元气淋漓景象。嗣同方治王夫之之学,喜谈名理,谈经济,及交启超,亦盛言大同,运动尤烈。(详次节)而启超之学,受夏、谭影响亦至巨。

其后启超等之运动,益带政治的色彩。启超创一旬刊杂志于上海,曰《时务报》,自著《变法通议》,批评秕政,而救敝之法,归于废科举、兴学校,亦时时发"民权论",但微引其绪,未敢昌言。已而嗣同与黄遵宪、熊希龄等,设时务学堂于长沙,聘启超主讲席,唐才常等为助教。启超至,以《公羊》《孟子》教,课以札记,学生仅四十人,而李炳寰、林圭、蔡锷称高才生焉。启超每日在讲堂四小时,夜则批答诸生札记,每条或至千言,往往彻夜不寐,所言皆当时一派之民权论,又多言清代故实,胪举失政,盛倡革命。其论学术,则自荀卿以下汉、唐、宋、明、清学者,掊击无完肤。时学生皆住舍,不与外通,堂内空气日日激变,外间莫或知之。及年假,诸生归省,出札记示亲友,全湘大哗。先是嗣同、才常等,设"南学会"聚讲,又设《湘报》(日刊)、《湘学报》(旬刊),所言虽不如学堂中激烈,实阴相策应。又窃印《明夷待访录》《扬州十日记》等书,加以按语,秘密分布,传播革命思想,信奉者日众,于是湖南新旧派大哄。叶德辉著《翼教丛编》数十万言，将康有为所著书、启超所批学生札记，及《时务报》《湘报》《湘学报》诸论文，逐条痛斥。而张之洞亦著《劝学篇》，旨趣略同。戊戌政变前，某御史胪举札记批语数十条指斥清室鼓吹民权者具折揭参，卒兴大狱。嗣同死焉，启超亡命，才常等被逐，学堂解散。盖学术之争，延为政争矣。

启超既亡居日本，其弟子李、林、蔡等弃家从之者十有一人，才常亦数数往来，共图革命。积年余，举事于汉口，十一人者先后归，从才常死者六人焉。启超亦自美洲驰归，及上海而事已败。自是启超复专以宣传为业，为《新民丛报》《新小说》等诸杂志，畅其旨义，国人竞喜读之，清廷虽严禁，不能遏，每一册出，内地翻刻本辄十数。二十年来学子之思想，颇蒙其影响。启超夙不喜桐城派古文，幼年为文，学晚汉魏晋，颇尚矜炼，至是自解放，务为平易畅达，时杂以俚语韵语及外国语法，纵笔所至不检束，学者竞效之，号新文体。老辈则痛恨，诋为野狐。然其文条理明晰，笔锋常带情感，对于读者，别有一种魔力焉。

二十六

　　启超既日倡革命排满共和之论，而其师康有为深不谓然，屡责备之，继以婉劝，两年间函札数万言。启超亦不慊于当时革命家之所为，惩羹而吹虀，持论稍变矣。然其保守性与进取性常交战于胸中，随感情而发，所执往往前后相矛盾，尝自言曰："不惜以今日之我，难昔日之我。"世多以此为诟病，而其言论之效力亦往往相消，盖生性之弱点然矣。

　　启超自三十以后，已绝口不谈"伪经"，亦不甚谈"改制"。而其师康有为大倡设孔教会定国教祀天配孔诸义，国中附和不乏。启超不谓然，屡起而驳之，其言曰：

　　　　我国学界之光明，人物之伟大，莫盛于战国，盖思想
　　　自由之明效也。及秦始皇焚百家之语，而思想一窒；汉武
　　　帝表章六艺、罢黜百家，而思想又一窒。自汉以来，号称
　　　行孔教二千余年于兹矣，而皆持所谓表章某某、罢黜某某
　　　者为一贯之精神。故正学异端有争，今学古学有争，言考
　　　据则争师法，言性理则争道统，各自以为孔教，而排斥他
　　　人以为非孔教。……浸假而孔子变为董江都、何邵公矣，

浸假而孔子变为马季长、郑康成矣，浸假而孔子变为韩退之、欧阳永叔矣，浸假而孔子变为程伊川、朱晦庵矣，浸假而孔子变为陆象山、王阳明矣，浸假而孔子变为顾亭林、戴东原矣，皆由思想束缚于一点，不能自开生面。如群猿得一果，跳掷以相攫，如群妪得一钱，诟詈以相夺，情状抑何可怜？……此二千年来保教党所生之结果也。……(壬寅年《新民丛报》)

又曰：

今之言保教者，取近世新学新理而缘附之，曰：某某孔子所已知也，某某孔子所曾言也。……然则非以此新学新理厘然有当于吾心而从之也，不过以其暗合于我孔子而从之耳。是所爱者，仍在孔子，非在真理也。万一遍索诸四书六经而终无可比附者，则将明知为真理而亦不敢从矣。万一吾所比附者，有人剟之曰，孔子不如是，斯亦不敢不弃之矣。若是乎真理之终不能饷遗我国民也。故吾所恶乎舞文贱儒，动以西学缘附中学者，以其名为开新，实则保守，煽思想界之奴性而滋益之也。(同上)

又曰：

摭古书片词单语以傅会今义，最易发生两种流弊。一、倘所印证之义，其表里适相吻合，善已；若稍有牵合附会，则最易导国民以不正确之观念，而缘郢书燕说以滋弊。例如畴昔谈立宪谈共和者，偶见经典中某字某句与立宪共和等字义略相近，辄撷拾以沾沾自喜，谓此制为我所固有。其实今世共和立宪制度之为物，即泰西亦不过起于近百年，求诸彼古代之希腊罗马且不可得，遑论我国。而比附之言传播既广，则能使多数人之眼光之思想，见局见缚于所比附之文句，以为所谓立宪共和者不过如是，而不复追求其真义之所存。……此等结习，最易为国民研究实学之魔障。二、劝人行此制，告之曰，吾先哲所尝行也；劝人治此学，告之曰，吾先哲所尝治也；其势较易入，固也。然频以此相诏，则人于先哲未尝行之制，辄疑其不可行，于先哲未尝治之学，辄疑其不当治。无形之中，恒足以增其故见自满之习，而障其择善服从之明。……吾雅不愿采撷隔墙桃李之繁葩，缀结于吾家杉松之老干，而沾沾自鸣得意。吾诚爱桃李也，惟当思所以移植之，而何必使与杉松淆其名实者。（乙卯年《国风报》）

此诸论者，虽专为一问题而发，然启超对于我国旧思想之总批判，及其所认为今后新思想发展应遵之涂径，皆略见焉。中国思想之痼疾，确在"好依傍"与"名实混淆"。若援佛入儒也，若好造伪书也，皆原本于此等精神。以清儒论，颜元几于墨矣，而必自谓出孔子；戴震全属西洋思想，而必自谓出孔子；康有为之大同，空前创获，而必自谓出孔子。及至孔子之改制，何为必托古？诸子何为皆托古？则亦依傍混淆已已。此病根不拔，则思想终无独立自由之望，启超盖于此三致意焉。然持论既屡与其师不合，康、梁学派遂分。

启超之在思想界，其破坏力确不小，而建设则未有闻。晚清思想界之粗率浅薄，启超与有罪焉。启超常称佛说，谓："未能自度，而先度人，是为菩萨发心。"故其生平著作极多，皆随有所见，随即发表。彼尝言："我读到'性本善'，则教人以'人之初'而已。"殊不思"性相近"以下尚未读通，恐并"人之初"一句亦不能解。以此教人，安见其不为误人？启超平素主张，谓须将世界学说为无制限的尽量输入，斯固然矣。然必所输入者确为该思想之本来面目，又必具其条理本末，始能供国人切实研究之资，此其事非多数人专门分担不能。启超务广而荒，每一学稍涉其樊，便加论列，故其所述著，多模糊影响笼统之谈，甚者纯然错误，及其自发现而自谋矫正，则已前后矛盾矣。平心论之，以二十年前思想界之闭塞萎靡，非用此种鲁莽疏阔手段，不能烈山泽以辟新局。就此点论，梁启超可谓新思想界之陈涉。虽然，国人所责望于启超者不止此。以其人本身之魄力，及其三十年历史上所积之资格，实应为我新思想界力图缔造一开国规模。若此人而长此以自终，则在中国文化史上，不能不谓为一大损失也。

启超与康有为有最相反之一点，有为太有成见，启超太无成见，其应事也有然，其治学也亦有然。有为常言："吾学三十岁已成，此后不复有进，亦不必求进。"启超不然，常自觉其学未成，且忧其不成，数十年日在彷徨求索中。故有为之学，在今日可以论定；启超之学，则未能论定。然启超以太无成见之故，往往徇物而夺其所守，其创造力不逮有为，殆可断言矣。启超"学问欲"极炽，其所嗜之种类亦繁杂，每治一业，则沉溺焉，集中精力，尽抛其他；历若干时日，移于他业，则又抛其前所治者。以集中精力故，故常有所得；以移时而抛故，故入焉而不深。彼尝有诗题其女令娴《艺蘅馆日记》云："吾学病爱博，是用浅且芜。尤病在无恒，有获旋失诸。百凡可效我，此二无我如。"可谓有自知之明。启超虽自知其短，而改之不勇，中间又屡为无聊的政治活动所牵率，耗其精而荒其业。识者谓启超若能永远绝意政治，且裁敛其学问欲，专精于一二点，则于将来之思想界当更有所贡献，否则亦适成为清代思想史之结束人物而已。

二十七

晚清思想界有一彗星，曰浏阳谭嗣同。嗣同幼好为骈体文，缘是以窥"今文学"，其诗有"汪（中）魏（源）龚（自珍）王（闿运）始是才"之语，可见其向往所自。又好王夫之之学，喜谈名理。自交梁启超后，其学一变。自从杨文会闻佛法，其学又一变。尝自哀其少作诗文刻之，题曰《东海褰冥氏三十以前旧学》，示此后不复事此矣。其所谓"新学"之著作，则有《仁学》，亦题曰"台湾人所著书"，盖中多讥切清廷，假台人抒愤也。书成，自藏其稿，而写一副本畀其友梁启超；启超在日本印布之，始传于世。《仁学》自叙曰：

> 吾将哀号流涕，强聒不舍，以速其冲决网罗。冲决利禄之网罗，冲决俗学若考据若词章之网罗，冲决全球群学群教之网罗，冲决君主之网罗，冲决伦常之网罗，冲决天之网罗。……然既可冲决，自无网罗；真无网罗，乃可言冲决。……

《仁学》内容之精神，大略如是。英奈端倡"打破偶像"之论，遂启近代科学。嗣同之"冲决罗网",正其义也。

《仁学》之作,欲将科学、哲学、宗教冶为一炉,而更使适于人生之用,真可谓极大胆极辽远之一种计划。此计划,吾不敢谓终无成立之望,然以现在全世界学术进步之大势观之,则似为期尚早,况在嗣同当时之中国耶?嗣同幼治算学,颇深造,亦尝尽读所谓"格致"类之译书,将当时所能有之科学智识,尽量应用。又治佛教之"唯识宗""华严宗",用以为思想之基础,而通之以科学。又用今文学家"太平""大同"之义,以为"世法"之极轨,而通之于佛教。嗣同之书,盖取资于此三部分,而组织之以立己之意见,其驳杂幼稚之论甚多,固毋庸讳,其尽脱旧思想之束缚,戛戛独造,则前清一代,未有其比也。

嗣同根本的排斥尊古观念,尝曰:"古而可好,则何必为今之人哉!"(《仁学》卷上)对于中国历史,下一总批评曰:"二千年来之政,秦政也,皆大盗也;二千年来之学,荀学也,皆乡愿也;惟大盗利用乡愿,惟乡愿工媚大盗。"(《仁学》卷下)当时谭、梁、夏一派之论调,大约以此为基本,而嗣同尤为悍勇,其《仁学》所谓冲决罗网者,全书皆是也,不可悉举,姑举数条为例。

嗣同明目张胆以诋名教,其言曰:

> 俗学陋行,动言名教,……以名为教,则其教已为实之宾,而决非实也。又况名者由人创造,上以制其下而下不能不奉之,则数千年三纲五常之惨祸酷毒由此矣。……如曰"仁",则共名也,君父以责臣子,臣子亦可反之君父,于钳制之术不便,故不能不有"忠孝廉节"一切分别等衰之名。……忠孝既为臣子之专名,则终不能以此反之,

虽或他有所据，意欲诘诉，而终不敌忠孝之名为名教之所尚。……名之所在，不惟关其口使不敢昌言，乃并锢其心使不敢涉想。……

嗣同对于善恶，有特别见解，谓"天地间无所谓恶，恶者名耳，非实也"，谓"俗儒以天理为善，人欲为恶，不知无人欲安得有天理"。彼欲申其"恶由名起"说，乃有极诡僻之论，曰：

恶莫大淫杀。……男女构精名淫，此淫名也。淫名亦生民以来沿习既久，名之不改，习谓为恶。向使生民之始，即相习以淫为朝聘宴飨之巨典，行诸朝庙，行诸都市，行诸稠人广众，如中国之长揖拜跪，西国之抱腰接吻，则孰知为恶者？戕害生命名杀，此杀名也。然杀为恶，则凡杀皆当为恶。人不当杀，则凡虎狼牛马鸡豚，又何当杀者，何以不并名恶也？或曰，人与人同类耳。然则虎狼于人不同类也，虎狼杀人，则名虎狼为恶；人杀虎狼，何以不名人为恶也？……

此等论调，近于诡辩矣，然其怀疑之精神，解放之勇气，正可察见。

《仁学》下篇，多政治谈。其篇首论国家起原及民治主义（文不具引），实当时谭、梁一派之根本信条，以殉教的精神力图传播者也。由今观之，其论亦至平庸，至疏阔。然彼辈当时，并卢骚《民约论》之名亦未梦见，而理想多与暗合，盖非思想解放之效不及此。其鼓吹排满革命也，词锋锐不可当，曰：

　　天下为君主私产，不始今日，……然而有知辽、金、元、清之罪，浮于前此君主者乎？其土则秽壤也，其人则膻种也，其心则禽心也，其俗则氄俗也。逞其凶残淫杀，攫取中原子女玉帛，……犹以为未餍。锢其耳目，桎其手足，压其心思，挫其气节。……方命曰：此食毛践土之分然也。夫果谁食谁之毛？谁践谁之土？……

　　又曰："吾华人慎毋言华盛顿、拿破仑矣，志士仁人，求为陈涉、杨玄感，以供圣人之驱除，死无憾焉。若机无可乘，则莫若为任侠（暗杀），亦足以伸民气，倡勇敢之风。"此等言论，著诸竹帛，距后此"同盟会""光复会"等之起，盖十五六年矣。

　　《仁学》之政论，归于"世界主义"，其言曰："春秋大一统之义，天地间不当有国也。"又曰："不惟发愿救本国，并彼极盛之西国与夫含生之类，一切皆度之，……不可自言为某国人，当平视万国，皆其国，皆其民。"篇中此类之论，不一而足，皆当时今文学派所日倡道者。其后梁启超居东，渐染欧、日俗论，乃盛倡褊狭的国家主义，惭其死友矣。

　　嗣同遇害，年仅三十三，使假以年，则其学将不能测其所至。仅留此区区一卷，吐万丈光芒，一瞥而逝，而扫荡廓清之力莫与京焉，吾故比诸彗星。

二十八

在此清学蜕分与衰落期中，有一人焉能为正统派大张其军者，曰余杭章炳麟。炳麟少受学于俞樾，治小学极谨严，然固浙东人也，受全祖望、章学诚影响颇深，大究心明清间掌故，排满之信念日烈。炳麟本一条理缜密之人，乃其早岁所作政谈，专提倡单调的"种族革命论"，使众易喻，故鼓吹之力綦大。中年以后，究心佛典，治俱舍、唯识，有所入。既亡命日本，涉猎西籍，以新知附益旧学，日益闳肆。其治小学，以音韵为骨干，谓文字先有声然后有形，字之创造及其孳乳，皆以音衍。所著《文始》及《国故论衡》中论文字音韵诸篇，其精义多乾嘉诸老所未发明。应用正统派之研究法，而廓大其内容，延辟其新径，实炳麟一大成功也。炳麟用佛学解老庄，极有理致，所著《齐物论释》，虽间有牵合处，然确能为研究"庄子哲学"者开一新国土。其《菿汉微言》，深造语极多。其余《国故论衡》《检论》《文录》诸篇，纯驳互见。尝自述治学进化之迹，曰：

> 少时治经，谨守朴学，所疏通证明者，在文字器数之间。虽尝博观诸子，略识微言，亦随顺旧义耳。……继阅佛藏，

涉猎《华严》《法华》《涅槃》诸经，义解渐深，卒未窥其
究竟。及囚系上海，专修慈氏、世亲之书。此一术也，以
分析名相始，以排遣名相终。从入之途，与平生朴学相似，
易于契机。……

　　……讲说许书，一旦解寤，旳然见语言文字本原，于
是初为《文始》。……由是所见与笺疏琐碎者殊矣。……

　　为诸生说《庄子》，旦夕比度，遂有所得，端居深观
而释《齐物》，乃与《瑜伽》《华严》相会。……

　　自揣平生学术，始则转俗成真，终乃回真向俗。……
秦汉以来，依违于彼是之间，局促于一曲之内，盖未尝睹
是也。……（《菿汉微言》卷末）

　　其所自述，殆非溢美。盖炳麟中岁以后所得，固非清学所
能限矣，其影响于近年来学界者亦至巨。虽然，炳麟谨守家法
之结习甚深，故门户之见，时不能免，如治小学排斥钟鼎文龟
甲文，治经学排斥"今文派"，其言常不免过当。而对于思想
解放之勇决，炳麟或不逮今文家也。

二十九

　　自明徐光启、李之藻等广译算学、天文、水利诸书，为欧籍入中国之始，前清学术，颇蒙其影响，而范围亦限于天算。"鸦片战役"以后，渐怵于外患；洪杨之役，借外力平内难，益震于西人之"船坚炮利"。于是上海有制造局之设，附以广方言馆，京师亦设同文馆，又有派学生留美之举，而目的专在养成通译人才，其学生之志量，亦莫或逾此。故数十年中，思想界无丝毫变化。惟制造局中尚译有科学书二三十种，李善兰、华蘅芳、赵静涵等任笔受。其人皆学有根柢，对于所译之书，责任心与兴味皆极浓重，故其成绩略可比明之徐、李。而教会之在中国者，亦颇有译书。光绪间所为"新学家"者，欲求知识于域外，则以此为枕中鸿秘。盖"学问饥饿"，至是而极矣。甲午丧师，举国震动，年少气盛之士，疾首扼腕言"维新变法"，而疆吏若李鸿章、张之洞辈，亦稍稍和之。而其流行语，则有所谓"中学为体，西学为用"者，张之洞最乐道之，而举国以为至言。盖当时之人，绝不承认欧美人除能制造能测量能驾驶能操练之外，更有其他学问，而在译出西书中求之，亦确无他种学问可见。康有为、梁启超、谭嗣同辈，即生育于此种"学问饥荒"之环境中,冥思枯索,欲以构成一种"不中不西即中即西"之新学派,而已为时代所不容。盖固有之旧思想,既深根固蒂,而外来之新思想,又来源浅觳,汲而易竭,其支绌灭裂,固宜然矣。

戊戌政变,继以庚子拳祸,清室衰微益暴露。青年学子,相率求学海外,而日本以接境故,赴者尤众。壬寅、癸卯间,译述之业特盛,定期出版之杂志不下数十种。日本每一新书出,译者动数家。新思想之输入,如火如荼矣。然皆所谓"梁启超式"的输入,无组织,无选择,本末不具,派别不明,惟以多为贵。而社会亦欢迎之,盖如久处灾区之民,草根木皮,冻雀腐鼠,罔不甘之,朵颐大嚼,其能消化与否不问,能无召病与否更不问也,而亦实无卫生良品足以为代。时独有侯官严复,先后译赫胥黎《天演论》,斯密亚丹《原富》,穆勒约翰《名学》《群己权界论》,孟德斯鸠《法意》,斯宾塞尔《群学肄言》等数种,皆名著也。虽半属旧籍,去时势颇远,然西洋留学生与本国思想界发生关系者,复其首也。亦有林纾者,译小说百数十种,颇风行于时,然所译本率皆欧洲第二三流作者。纾治桐城派古文,每译一书,辄"因文见道",于新思想无与焉。

晚清西洋思想之运动,最大不幸者一事焉,盖西洋留学生殆全体未尝参加于此运动。运动之原动力及其中坚,乃在不通西洋语言文字之人。坐此为能力所限,而稗贩、破碎、笼统、肤浅、错误诸弊,皆不能免。故运动垂二十年,卒不能得一健实之基础,旋起旋落,为社会所轻。就此点论,则畴昔之西洋留学生,深有负于国家也。

而一切所谓"新学家"者,其所以失败,更有一种根原,曰不以学问为目的而以为手段。时主方以利禄饵诱天下,学校一变名之科举,而新学亦一变质之八股。学子之求学者,其什中八九，动机已不纯洁，用为"敲门砖"，过时则抛之而已。此其劣下者，可勿论。其高秀者，则亦以"致用"为信条，谓必出所学举而措之，乃为无负。殊不知凡学问之为物，实应离"致用"之意味而独立生存，真所谓"正其谊不谋其利，明其道不计其功"。质言之，则有"书呆子"，然后有学问也。晚清之新学家，欲求其如盛清先辈具有"为经学而治经学"之精神者，渺不可得，其不能有所成就，亦何足怪？故光、宣之交，只能谓为清学衰落期，并新思想启蒙之名，亦未敢轻许也。

三十

　　晚清思想家有一伏流曰佛学。前清佛学极衰微，高僧已不多，即有，亦于思想界无关系。其在居士中，清初王夫之颇治相宗，然非其专好。至乾隆时，则有彭绍升、罗有高，笃志信仰。绍升尝与戴震往复辩难（《东原集》）。其后龚自珍受佛学于绍升（《定庵文集》有《知归子赞》。知归子即绍升），晚受菩萨戒。魏源亦然，晚受菩萨戒，易名承贯，著《无量寿经会译》等书。龚、魏为"今文学家"所推奖，故"今文学家"多兼治佛学。石埭杨文会少曾佐曾国藩幕府，复随曾纪泽使英，凤栖心内典，学问博而道行高。晚年息影金陵，专以刻经弘法为事。至宣统三年武汉革命之前一日圆寂。文会深通"法相""华严"两宗，而以"净土"教学者，学者渐敬信之。谭嗣同从之游一年，本其所得以著《仁学》，尤常鞭策其友梁启超，启超不能深造，顾亦好焉，其所著论，往往推挹佛教。康有为本好言宗教，往往以己意进退佛说。章炳麟亦好法相宗，有著述。故晚清所谓新学家者，殆无一不与佛学有关系，而凡有真信仰者率皈依文会。

　　经典流通既广，求习较易，故研究者日众。就中亦分两派，则哲学的研究，与宗教的信仰也。西洋哲学既输入，则对于印度哲学，自然引起连带的兴味。而我国人历史上与此系之哲学因缘极深，研究自较易，且亦对于全世界文化应负此种天职，有志者颇思自任焉。然其人极稀，其事业尚无可称述。社会既屡更丧乱，厌世思想，不期而自发生，对于此恶浊世界，生种种烦恼悲哀，欲求一安心立命之所；稍有根器者，则必遁逃而入于佛。佛教本非厌世，本非消极，然真学佛而真能赴以积极精神者，谭嗣同外，殆未易一二见焉。

学佛既成为一种时代流行，则依附以为名高者出矣。往往有夙昔稔恶或今方在热中奔竞中者，而亦自托于学佛，今日听经打坐，明日黩货陷人。净宗他力横超之教，本有"带业往生"一义。稔恶之辈，断章取义，日日勇于为恶，恃一声"阿弥陀佛"，谓可涮拔无余，直等于"罗马旧教"极敝时，忏罪与犯罪，并行不悖。又中国人中迷信之毒本甚深，及佛教流行，而种种邪魔外道惑世诬民之术，亦随而复活，乩坛盈城，图谶累牍。佛弟子曾不知其为佛法所呵，为之推波助澜，甚至以二十年前新学之巨子，犹津津乐道之。率此不变，则佛学将为思想界一大障，虽以吾辈夙尊佛法之人，亦结舌不敢复道矣。

蒋方震曰："欧洲近世史之曙光，发自两大潮流。其一，希腊思想复活，则'文艺复兴'也；其二，原始基督教复活，则'宗教改革'也。我国今后之新机运，亦当从两途开拓，一为情感的方面，则新文学新美术也；一为理性的方面，则新佛教也。"（《欧洲文艺复兴时代史》自序）吾深韪其言。中国之有佛教，虽深恶之者终不能遏绝之，其必常为社会思想之重要成分，无可疑也。其益社会耶？害社会耶？则视新佛教徒能否出现而已。

更有当附论者，曰基督教。基督教本与吾国民性不近，故其影响甚微。其最初传来者，则旧教之"耶稣会"一派也。明士大夫徐光启辈，一时信奉，入清转衰，重以教案屡起，益滋人厌。新教初来，亦受其影响。其后国人渐相安，而教力在欧洲已日杀矣。各派教会在国内事业颇多，尤注意教育，然皆竺旧，乏精神；对于数次新思想之运动，毫未参加，而间接反有阻力焉。基督教之在清代，可谓无咎无誉，今后不改此度，则亦归于淘汰而已。

三十一

　　前清一代学风，与欧洲文艺复兴时代相类甚多。其最相异之一点，则美术文学不发达也。清之美术（画），虽不能谓甚劣于前代，然绝未尝向新方面有所发展，今不深论。其文学，以言夫诗，真可谓衰落已极。吴伟业之靡曼，王士祯之脆薄，号为开国宗匠。乾隆全盛时，所谓袁（枚）、蒋（士铨）、赵（翼）三大家者，臭腐殆不可向迩。诸经师及诸古文家，集中多亦有诗，则极拙劣之砌韵文耳。嘉、道间，龚自珍、王昙、舒位，号称新体，则粗犷浅薄。咸、同后，竞宗宋诗，只益生硬，更无余味。其稍可观者，反在生长僻壤之黎简、郑珍辈，而中原更无闻焉。直至末叶，始有金和、黄遵宪、康有为，元气淋漓，卓然称大家。以言夫词，清代固有作者，驾元明而上，若纳兰性德、郭麐、张惠言、项鸿祚、谭献、郑文焯、王鹏运、朱祖谋，皆名其家，然词固所共指为小道者也。以言夫曲，孔尚任《桃花扇》、洪昇《长生殿》外，无足称者，李渔、蒋士铨之流，浅薄寡味矣。以言夫小说，《红楼梦》只立千古，余皆无足齿数。以言夫散文，经师家朴实说理，毫不带文学臭味；桐城派则以文为"司空城旦"矣。其初期魏禧、王源较可观，末期则魏源、曾国藩、康有为。清人颇自夸其骈文，其实极工者仅一汪中，次则龚自珍、谭嗣同，其最著名之胡天游、邵齐焘、洪亮吉辈，已堆垛柔曼无生气，余子更不足道。要而论之，清代学术，在中国学术史上，价值极大；清代文艺美术，在中国文艺史美术史上，价值极微；此吾所敢昌言也。

清代何故与欧洲之"文艺复兴"异其方向耶？所谓"文艺复兴"者，一言以蔽之，曰返于希腊。希腊文明，本以美术为根干，无美术则无希腊，盖南方岛国景物妍丽而多变化之民所特产也。而意大利之位置，亦适与相类。希腊主要美术在雕刻，而其实物多传于后。故温尼士像（雕刻裸体女神）之发掘，为文艺复兴最初之动机，研究学问上古典，则其后起耳。故其方向特趋重于美术，宜也。我国文明，发源于北部大平原。平原雄伟广荡而少变化，不宜于发育美术。所谓复古者，使古代平原文明之精神复活，其美术的要素极贫乏，则亦宜也。

然则曷为并文学亦不发达耶？欧洲文字衍声，故古今之差变剧；中国文字衍形，故古今之差变微。文艺复兴时之欧人，虽竞相与研究希腊，或径以希腊文作诗歌及其他著述，要之欲使希腊学普及，必须将希腊语译为拉丁或当时各国通行语，否则人不能读。因此，而所谓新文体（国语新文学）者，自然发生，如六朝隋唐译佛经，产出一种新文体，今代译西籍，亦产出一种新文体，相因之势然也。我国不然，字体变迁不剧，研究古籍，无待移译。夫《论语》《孟子》，稍通文义之人尽能读也，其不能读《论语》《孟子》者，则并《水浒》《红楼》亦不能读也。故治古学者无须变其文与语，既不变其文与语，故学问之实质虽变化，而传述此学问之文体语体无变化，此清代文无特色之主要原因也。重以当时诸大师方以崇实黜华相标榜，顾炎武曰:"一自命为文人,便无足观。"(《日知录》二十)所谓"纯文艺"之文,极所轻蔑。高才之士,皆集于"科学的考证"之一途。其向文艺方面讨生活者,皆第二流以下人物,此所以不能张其军也。

三十二

问曰：吾子屡言清代研究学术，饶有科学精神，何故自然科学，于此时代并不发达耶？答曰：是亦有故。文化之所以进展，恒由后人承袭前人智识之遗产，继长增高。凡袭有遗产之国民，必先将其遗产整理一番，再图向上，此乃一定步骤。欧洲文艺复兴之价值，即在此。故当其时，科学亦并未发达也，不过引其机以待将来。清代学者，刻意将三千年遗产，用科学的方法大加整理，且亦确已能整理其一部分。凡一国民在一时期内，只能集中精力以完成一事业，且必须如此，然后事业可以确实成就。清人集精力于此一点，其贡献于我文化者已不少，实不能更责以其他。且其趋势，亦确向切近的方面进行，例如言古音者，初惟求诸《诗经》《易经》之韵，进而考历代之变迁，更进而考古今各地方音，遂达于人类发音官能构造之研究，此即由博古的考证引起自然科学的考证之明验也。故清儒所遵之涂径，实为科学发达之先驱，其未能一蹴即几者，时代使然耳。

复次，凡一学术之发达，必须为公开的且趣味的研究，又必须其研究资料，比较的丰富。我国人所谓"德成而上，艺成而下"之旧观念，因袭已久，本不易骤然解放，其对于自然界物象之研究，素乏趣味，不能为讳也。科学上之发明，亦何代无之？然皆带秘密的性质，故终不能光大，或不旋踵而绝，即如医学上证治与药剂，其因秘而失传者，盖不少矣。凡发明之业，往往出于偶然，发明者或并不能言其所以然，或言之而非其真，及以其发明之结果公之于世，多数人用各种方法向各种方面研究之，然后偶然之事实，变为必然之法则。此其事非赖有种种公开研究机关——若学校若学会若报馆者，则不足以收互助之效，而光大其业也。夫在清代则安能如是，此又科学不能发生之一原因也。

然而语一时代学术之兴替，实不必问其研究之种类，而惟当问其研究之精神。研究精神不谬者，则施诸此种类而可成就，施诸他种类而亦可以成就也。清学正统派之精神，轻主观而重客观，贱演绎而尊归纳，虽不无矫枉过正之处，而治学之正轨存焉。其晚出别派（今文学家）能为大胆的怀疑解放，斯亦创作之先驱也。此清学之所为有价值也欤？

三十三

读吾书者，若认其所采材料尚正确，所批评亦不甚纰缪，则其应起之感想，有数种如下：

其一，可见我国民确富有"学问的本能"，我国文化史确有研究价值，即一代而已见其概。故我辈虽当一面尽量吸收外来之新文化，一面仍万不可妄自菲薄，蔑弃其遗产。

其二，对于先辈之"学者的人格"，可以生一种观感。所谓"学者的人格"者，为学问而学问，断不以学问供学问以外之手段。故其性耿介，其志专一，虽若不周于世用，然每一时代文化之进展，必赖有此等人。

其三，可以知学问之价值，在善疑，在求真，在创获。所谓研究精神者，归著于此点。不问其所疑所求所创者在何部分，亦不问其所得之巨细，要之经一番研究，即有一番贡献。必如是始能谓之增加遗产，对于本国之遗产当有然，对于全世界人类之遗产亦当有然。

其四，将现在学风与前辈学风相比照，令吾曹可以发现自己种种缺点。知现代学问上笼统影响凌乱肤浅等等恶现象，实我辈所造成。此等现象，非彻底改造，则学问永无独立之望，且生心害政，其流且及于学问社会以外。吾辈欲为将来之学术界造福耶？抑造罪耶？不可不取鉴前代得失以自策厉。

吾著此书之宗旨，大略如是。而吾对于我国学术界之前途，实抱非常乐观。盖吾稽诸历史，征诸时势，按诸我国民性，而信其于最近之将来，必能演出数种潮流，各为充量之发展。吾今试为预言于此，吾祝吾观察之不谬，而希望之不虚也。

一、自经清代考证学派二百余年之训练，成为一种遗传，我国学子之头脑，渐趋于冷静缜密。此种性质，实为科学成立之根本要素。我国对于"形"的科学（数理的），渊源本远，根柢本厚；对于"质"的科学（物理的），因机缘未熟，暂不发展。今后欧美科学，日日输入，我国民用其遗传上极优粹之科学的头脑，凭借此等丰富之资料，瘁精研究，将来必可成为全世界第一等之"科学国民"。

二、佛教哲学，本为我先民最珍贵之一遗产，特因发达太过，末流滋弊，故清代学者，对于彼而生剧烈之反动。及清学发达太过，末流亦敝，则还元的反动又起焉。适值全世界学风，亦同有此等倾向。物质文明烂熟，而"精神上之饥饿"益不胜其苦痛。佛教哲学，盖应于此时代要求之一良药也。我国民性，对于此种学问，本有特长，前此所以能发达者在此，今后此特性必将复活。虽然，隋唐之佛教，非复印度之佛教，而今后复活之佛教亦必非复隋唐之佛教。质言之，则"佛教上之宗教改革"而已。

三、所谓"经世致用"之一学派，其根本观念，传自孔孟，历代多倡道之，而清代之启蒙派晚出派，益扩张其范围。此派所揭橥之旗帜，谓学问所当讲求者，在改良社会增其幸福，其通行语所谓"国计民生"者是也。故其论点，不期而趋集于生计问题。而我国人对于生计问题之见地，自先秦诸大哲，其理想皆近于今世所谓"社会主义"。二千年来生计社会之组织，亦蒙此种理想之赐，颇称均平健实。今此问题为全世界人类之公共问题，各国学者之头脑，皆为所恼。吾敢言我国之生计社会，实为将来新学说最好之试验场，而我国学者对于此问题，实有最大之发言权，且尤当自觉悟其对此问题应负最大之任务。

四、我国文学美术，根柢极深厚，气象皆雄伟，特以其为"平原文明"所产育，故变化较少。然其中徐徐进化之迹，历然可寻，且每与外来之宗派接触，恒能吸受以自广。清代第一流人物，精力不用诸此方面，故一时若甚衰落，然反动之征已见。今后西洋之文学美术，行将尽量输入，我国民于最近之将来，必有多数之天才家出焉，采纳之而傅益以己之遗产，创成新派，与其他之学术相联络呼应，为趣味极丰富之民众的文化运动。

五、社会日复杂，应治之学日多，学者断不能如清儒之专研古典，而固有之遗产，又不可蔑弃，则将来必有一派学者焉，用最新的科学方法，将旧学分科整治，撷其粹，存其真。续清儒未竟之绪，而益加以精严，使后之学者既节省精力，而亦不坠其先业。世界人之治"中华国学"者，亦得有借焉。

以吾所观察所希望，则与清代兴之新时代，最少当有上列之五大潮流，在我学术界中，各为猛烈之运动，而并占重要之位置。若今日者，正其启蒙期矣。吾更愿陈余义以自厉，且厉国人。

一、学问可嗜者至多，吾辈当有所割弃然后有所专精。对于一学，为彻底的忠实研究，不可如刘献廷所诮"只教成半个学者"（《广阳杂记》卷五），力洗晚清笼统肤浅凌乱之病。

二、善言政者，必曰"分地自治，分业自治"，学问亦然，当分业发展，分地发展。分业发展之义易明，不赘述。所谓分地发展者，吾以为我国幅员，广埒全欧，气候兼三带，各省或在平原，或在海滨，或在山谷。三者之民，各有其特性，自应发育三个体系以上之文明。我国将来政治上各省自治基础确立后，应各就其特性，于学术上择一二种为主干。例如某省人最宜于科学，某省人最宜于文学美术，皆特别注重，求为充量之发展。必如是，然后能为本国文化、世界文化作充量之贡献。

三、学问非一派可尽。凡属学问，其性质皆为有益无害，万不可求思想统一，如二千年来所谓"表章某某、罢黜某某"者。学问不厌辩难，然一面申自己所学，一面仍尊人所学，庶不至入主出奴，蹈前代学风之弊。

吾著此篇竟，吾感谢吾先民之饷遗我者至厚，吾觉有极灿烂庄严之将来横于吾前！

论中国学术思想
变迁之大势

目 录

第一章　总论[*]

学术思想之在一国，犹人之有精神也；而政事、法律、风俗及历史上种种之现象，则其形质也。故欲觇其国文野强弱之程度如何，必于学术思想焉求之。

立于五洲中之最大洲，而为其洲中之最大国者谁乎？我中华也。人口居全地球三分之一者谁乎？我中华也。四千余年之历史未尝一中断者谁乎？我中华也。我中华有四百兆人公用之语言文字，世界莫能及；据一千九百年之统计，欧洲各国语之通用，以英为最广，犹不过一百十二兆人耳，较吾华文，仅有四分之一也。印度人虽多，而其语言文字，糅杂殊甚。中国虽南北闽粤，其语异殊，至其大致则一也。此事为将来一大问题，别有文论之。我中华有三十世纪前传来之古书，世界莫能及。《坟》《典》《索》《丘》，其书不传，姑勿论。即如《尚书》，已起于三千七八百年以前夏代史官所记载。今

* 梁启超在光绪二十八年二月（1902年3月）出版的《新民丛报》第三号发表了本书第一、二章，并给出十六章题目如下：一、总论；二、胚胎时代；三、全盛时代；四、儒学统一时代；五、老学时代；六、佛学时代；七、儒佛混合时代；八、衰落时代；九、复兴时代；十、学术思想界之暗潮；十一、地理上之关系上（国内地理）；十二、地理上之关系下（国外地理）；十三、政治上之关系；十四、文学上之关系；十五、学术思想所生之结果；十六、今后革新之急务及其方法。——编者注

世界所称古书，如摩西之《旧约全书》，约距今三千五百年；婆罗门之《四韦陀论》，亦然；希腊和马耳之诗歌，约在二千八九百年前；门梭之《埃及史》，约在二千三百年前，皆无能及《尚书》者。若夫二千五百年以上之书，则我中国今传者尚十余种，欧洲乃无一也。此真我国民可以自豪者。西人称世界文明之祖国有五：曰中华，曰印度，曰安息，曰埃及，曰墨西哥。然彼四地者，其国亡，其文明与之俱亡。今试一游其墟，但有摩诃末遗裔铁骑蹂躏之迹，与高加索强族金粉歌舞之场耳。而我中华者，屹然独立，继继绳绳，增长光大，以迄今日，此后且将汇万流而剂之，合一炉而治之。於戏，美哉我国！於戏，伟大哉我国民！吾当草此论之始，吾不得不三薰三沐，仰天百拜，谢其生我于此至美之国，而为此伟大国民之一分子也。

深山大泽而龙蛇生焉，取精多用物宏而魂魄强焉。此至美之国，至伟大之国民，其学术思想所磅礴郁积，又岂彼崎岖山谷中之犷族、生息弹丸上之岛夷，所能梦见者！故合世界史通观之，上世史时代之学术思想，我中华第一也；泰西虽有希腊梭格拉底、亚里士多德诸贤，然安能及我先秦诸子？中世史时代之学术思想，我中华第一也；中世史时代，我国之学术思想虽稍衰，然欧洲更甚。欧洲所得者，惟基督教及罗马法耳，自余则暗无天日。欧洲以外，更不必论。惟近世史时代，则相形之下，吾汗颜矣。虽然，近世史之前途，未有艾也，又安见此伟大国民，不能恢复乃祖乃宗所处最高尚、最荣誉之位置，而更执牛耳于全世界之学术思想界者？吾欲草此论，吾之热血，如火如焰；吾之希望，如海如潮。吾不自知吾气焰之何以坌涌，吾手足之何以舞蹈也。於戏！吾爱我祖国，吾爱我同胞之国民。

生此国，为此民，享此学术思想之恩泽，则歌之舞之，发挥之光大之，继长而增高之，吾辈之责也。而至今未闻有从事于此者何也？凡天下事必比较然后见其真，无比较则非惟不能知己之所短，并不能知己之所长。前代无论矣，今世所称好学深思之士，有两种：一则徒为本国思想学术界所窘，而于他国者未尝一涉其樊也，一则徒为外国学术思想所眩，而于本国者不屑一厝其意也。夫我界既如此其博大而深赜也，他界复如此其灿烂而蓬勃也，非竭数十年之力，于彼乎，于此乎，一一撷其实、咀其华，融会而贯通焉，则虽欲歌舞之，乌从而歌舞之？区区小子，于《四库》著录，十未睹一，于他国文字，初问津焉尔，夫何敢摇笔弄舌，从事于先辈所不敢从事者？虽然，吾爱我国，吾爱我国民，吾不能自已。吾姑就吾所见及之一二，杂写之以为吾将来研究此学之息壤，流布之以为吾同志研究此学者之筚路蓝缕。天如假我数十年乎，我同胞其有联袂而起者乎，伫看近世史中我中华学术思想之位置何如矣。

且吾有一言，欲为我青年同胞诸君告者：自今以往二十年中，吾不患外国学术思想之不输入，吾惟患本国学术思想之不发明。夫二十年间之不发明，于我学术思想必非有损也。虽然，凡一国之立于天地，必有其所以立之特质。欲自善其国者，不可不于此特质焉，淬厉之而增长之。今正当过渡时代苍黄不接之余，诸君如爱国也，欲唤起同胞之爱国心也，于此事必非可等闲视矣。不然，脱崇拜古人之奴隶性，而复生出一种崇拜外人蔑视本族之奴隶性，吾惧其得不偿失也。且诸君皆以输入文明自任者也，凡教人必当因其性所近而利导之，就其已知者而比较之，则事半功倍焉。不然，外国之博士鸿儒亦多矣，顾不能有裨于我国民者何也？相知不习，而势有所扞格也。若诸君而吐弃本国学问不屑从事也，则吾国虽多得百数十之达尔文、约翰·弥勒、赫胥黎、斯宾塞，吾惧其于学界一无影响也。故吾草此论，非欲附益我国民妄自尊大之性，盖区区微意亦有不得已焉者尔。

今于造论之前，有当提表者数端：

吾欲画分我数千年学术思想界为七时代：一、胚胎时代，春秋以前是也；二、全盛时代，春秋末及战国是也；三、儒学统一时代，两汉是也；四、老学时代，魏晋是也；五、佛学时代，南北朝、唐是也；六、儒佛混合时代，宋元明是也；七、衰落时代，近二百五十年是也；八、复兴时代，今日是也。其间时代与时代之相嬗，界限常不能分明，非特学术思想有然，即政治史亦莫不然也。一时代中或含有过去时代之余波，与未来时代之萌蘖，则举其重者也。其理由于下方详说之。

吾国有特异于他国者一事，曰无宗教是也。浅识者或以是为国之耻，而不知是荣也，非辱也。宗教者于人群幼稚时代虽颇有效，及其既成长之后，则害多而利少焉。何也？以其阻学术思想之自由也。吾国民食先哲之福，不以宗教之臭味，混浊我脑性，故学术思想之发达，常优胜焉。不见夫佛教之在印度，在西藏、在蒙古，在缅甸、暹罗，恒抱持其小乘之迷信，独其入中国，则光大其大乘之理论乎？不见夫景教入中国数百年，而上流人士，从之者希乎？故吾今者但求吾学术之进步，思想之统一，统一者谓全国民之精神，非攘斥异端之谓也。不必更以宗教之末法自缚也。

生理学之公例，凡两异性相合者，其所得结果必加良，种植家常以梨接杏，以李接桃；牧畜家常以亚美利加之牡马，交欧亚之牝驹，皆利用此例也。男女同姓，其生不蕃；两纬度不同之男女相配，所生子必较聪慧，皆缘此理。此例殆推诸各种事物而皆同者也。大地文明祖国凡五，各辽远隔绝，不相沟通。惟埃及、安息，借地中海之力，两文明相遇，遂产出欧洲之文明，光耀大地焉；其后阿剌伯人西渐，十字军东征，欧亚文明，再交媾一度，乃成近世震天铄地之现象，皆此公例之明验也。我中华当战国之时，南北两文明初相接触，而古代之学术思想达于全盛；及隋唐间与印度文明相接触，而中世之学术思想放大光明。今则全球若比邻矣，埃及、安息、印度、墨西哥四祖国，其文明皆已灭，故虽与欧人交，而不能生新现象。盖大地今日只有两文明：一泰西文明，欧美是也；二泰东文明，中华是也。二十世纪，则两文明结婚之时代也。吾欲我同胞张灯置酒，迓轮俟门，三揖三让，以行亲迎之大典。彼西方美人，必能为我家育宁馨儿以亢我宗也。

第二章　胚胎时代

中国种族不一，而其学术思想之源泉，则皆自黄帝子孙下文省称黄族。向用"汉种"二字，今以汉乃后起一朝代，不足冒我全族之名，故改用此。来也。黄族起于西北，战黄河流域之蛮族而胜之，浸昌浸炽，遂遍大陆。太古之事，搢绅先生难言焉，第弗深考。今画春秋以前为胚胎时代，而此时代中复画为小时代者四，其图如下：

$$
胚胎时代\begin{cases}第一黄帝时代\\第二夏禹时代\\第三周初时代\\第四春秋时代\end{cases}
$$

学术思想与历史上之大势，其关系常密切。上古之历史，至黄帝而一变，至夏禹而一变，至周初而一变，至春秋而一变。故文明精神之发达，亦缘之以为界焉。黄帝之书，著录于《汉书·艺文志》者二十余种，班氏既一一明揭其依托，今所存《素问》《内经》等，亦其一也。黄帝时代，其文学之发达不能到此地位，固无待言。要其进步之信而有征者四事：曰制文字、曰定历象、曰作乐律、曰兴医药是也。黄帝四征八讨，东至海，南至江，西至流沙，北逐荤粥。盖由经验之广，交通之繁，屡战异种之民族而吸收之，得智识交换之益，故能一洗混沌之陋，而烂然扬光华也。及洪水之兴，下民憔悴，全国现象，生一顿挫。禹抑洪水，乘四载，遍九州，经验益广，交通益繁，玄圭告成，帝国乃立。故中华建国，实始夏后。古代称黄族为华夏，为诸夏，皆纪念禹之功德，而用其名以代表国民也。其时政治思想、哲学思想，皆渐发生。《禹贡》之制度，《洪范》之理想，《洪范》虽箕子所述，其称传自神禹，必非尽诬。皆为三千年前精深博大之籍。自禹以后垂千年，黄族各部落并立，休养生息。逮于周初，中央集权之势益行，菁华渐集于京师。周公兼三王，作官礼，近儒多攻《周官》为伪书，《周官》虽或有后人窜附，然岂能一笔抹煞耶？攻之者盖有二蔽：一由过崇教主，视孔子以前之文明若无物焉；二由不通人群进化之公例，见其中有许多制度不脱蛮野思想习俗者，便以为古圣人岂当有此。皆有所毗而生迷因也。文王系《易》，而《诗》《书》亦烂然大完，古代学术思想之精神条理，于是乎粗备。洎及春秋，兼并渐行，列国盟会征伐，交通益频数。南北两思潮，渐相混合，磅礴郁积，将达极点。于是孔子生而全盛时代来矣。

综观此时代之学术思想，实为我民族一切道德、法律、制度、学艺之源泉。约而论之，盖有三端：一曰天道，二曰人伦，三曰天人相与之际是也。而其所以能构成此思想者，亦有二因：一曰由于天然者。盖其地理之现象，空界即天然界近于地文学范围者。之状态，能使初民此名词从侯官严氏译，谓古代最初之民族也。对于上天，而生出种种之观念也。二曰由于人为者。盖哲王先觉利导民族之特性，因而以天事比附人事以为群利也。请一一论次之。

中国无宗教，无迷信，此就其学术发达以后之大体言之也。中国非无宗教思想，但其思想之起特早，且常倚于切实，故迷信之力不甚强，而受益受敝皆少。中国古代思想，敬天畏天其第一著也。其言天也，与今日西教言造化主者颇近，但其语圆通，不似彼之拘墟迹象，易滋人惑。综观经传所述，以为天者，生人生物，万有之本原也。《诗》"天生烝民"，《书》"惟天阴骘下民"，《礼记》"万物本乎天"。天者有全权有活力，临察下土者也。《诗》"皇矣上帝，临下有赫；监观四方，求民之瘼"。又，"天监在下，有命既集"。天者有自然之法则，以为人事之规范，道德之基本也。《诗》"天生烝民，有物有则"，《书》"天叙有典""天秩有礼"。故人之于天也，敬而畏之，一切思想，皆以此为基焉。

各国之尊天者，常崇之于万有之外，而中国则常纳之于人事之中，此吾中华所特长也。中国文明起于北方，其气候严寒，地味确瘠，得天较薄，故其人无余裕以驰心广远，游志幽微，专就寻常日用之问题，悉心研究，是以思想独倚于实际。凡先哲所经营想象，皆在人群国家之要务。其尊天也，目的不在天国而在世界，受用不在未来而在现在。是故人伦亦称天伦，人道亦称天道。记曰："善言天者必有验于人。"此所以虽近宗教，而与他国之宗教自殊科也。

人群进化第一期，必经神权政治之一阶级，此万国之所同也。吾中国上古，虽亦为神权时代，然与他国之神权，又自有异。他国之神权，以君主为天帝之化身；中国之神权，以君主为天帝之雇役。故寻常神权之国，君主一言一动，视之与天帝之自言自动等。中国不然，天也者，统君民而并治之也。所谓天秩天序天命天讨，达于上下，无贵贱一焉。质而言之，则天道者犹今世之宪法也。欧洲今世，君民同受治于法之下；中国古代，君民同受治于天之下。不过法实而有功，天远而无效耳。但在邃古之世，而有此精神，不得不谓文明想象力之独优也。泰西皆言君主无责任，古代神权之无责任，以为其天帝之化身也；今世立宪之无责任，归其责于大臣，使人民不必有所顾忌，得以课其功罪也，过渡时代不得不然也。惟中国则君主有责任。责任者何？对于天而课其功罪也。日食彗见，水旱蝗螟，一切灾异，君主实尸其咎。此等学说，以今日科学家之眼视之，可笑孰甚？而不知其有精义存焉也。其践位也，荐天而受；其殂死也，称天而谥。《春秋》所谓"以天统君"，盖虽专制而有不能尽专制者存。此亦神权政体之所无也。不宁惟是，天也者非能谆谆然命之者也，于是乎有代表之者，厥惟我民。《书》曰："天聪明，自我民聪明；天明畏，自我民明畏。"又曰："天视自我民视，天听自我民听。"又曰："天矜于民，民之所欲，天必从之。"于是无形之天，忽变为有形之天。他国所谓天帝化身者君主也，而吾中国所谓天帝化身者人民也。然则所谓天之秩序命讨者，实无异民之秩序命讨也，立法权在民也；所谓君主对于天而负责任者，实无异对于民而负责任也，司法权在民也。然则中国古代思想，其形质则神权也，其精神则民权也。虽其法不立，其效不睹，然安可以责诸古代？当邃古之初而有此，非伟大之国民，其孰能与于斯？

古代各国皆行多神教，或有拜下等动物者，所在皆是。中国前古，虽亦多神，然所拜者皆稍高尚而兼切于人事者也。天子祭天地，诸侯祭社稷，大夫祭五祀。天地之祭，几于一神，尚矣；社稷者，切于农事者也；五祀者，门户、井灶、中溜，皆关于日用饮食者也。吾国最初之文明，事事皆主实际，即此亦可以见之。且其中尤有最重特异者一事焉，曰尊先祖是也。吾国族制之发达最备，而保守之性质亦最强，故于祭天之外，祀祖为重。所谓天神、地祇、人鬼，凡称鬼者，皆谓先祖也。孔子谓"夏道尊命，事鬼敬神而远之"，"殷人尊神，率民而事神，先鬼而后礼"，"周人尊礼尚施，事鬼敬神而远之"，言三代思想之变迁，于其事鬼神之间，最注意焉。初民之特质则然也。尊祖之极，常以之与天并重。《墨子》天、鬼并称最多。记曰："万物本乎天，人本乎祖。"《诗》曰："文王陟降，在帝左右。"《书》曰："乃祖乃父，丕乃告我高后，曰作丕刑于朕孙。迪高后，丕乃崇降不祥。"记曰："郊祀后稷以配天，宗祀文王于明堂以配上帝。"盖常视其祖宗之权力，几与天并。此亦中国人与外国特异之点也。此等思想，范围数千年，至今不衰。

要而论之，胚胎时代之文明，以重实际为第一义。重实际故重人事，其敬天也，皆取以为人伦之模范也；重实际故重经验，其尊祖也，皆取以为先例之典型也。于是乎由思想发为学术。其握学术之关键者有二职焉：

一曰祝，掌天事者也。凡人群初进之时，政教不分，主神事者其权最重。埃及之法老，犹太之祭司长，见于《旧约全书》者，皆司祝官也。印度有四族，婆罗门为首，刹利次之。刹利帝王之族也，婆罗门司祝之族也。乃至波斯、安息，莫不皆然。今西藏有坐床喇嘛，掌全藏大政，仍是此制。欧洲自罗马教皇兴后，其权常驾各国君主而上之。而俄罗斯皇，今犹兼希腊教皇之徽号，其教务大臣，柄权最重。此实半开民族之通例也。中国宗教之臭味不深，虽无以教权侵越政权之事，而学术思想，亦常为祝之所掌焉。祝之分职亦有二：一曰司祀之祝，主代表人民之思想，以达之于天，而祈福祉者也。《周官·春官》一篇，皆此职之支与流裔也。鲁侯与曹刿论战，首称"牺牲玉帛之必信"，随侯将战楚，首言"牲牷肥腯粢盛丰备"，盖以为祭礼之事，与国家之安危大有关系焉。其他百事，皆听命于神，不待言也。二曰司历之祝，主揣摩天之思想，以应用于人事者也。三皇之时，命南正重司天以属神，北正黎司地以属民。《尧典》："乃命羲和：钦若昊天，历象日月星辰，敬授民时。"又曰："在璇玑玉衡，以齐七政。"盖司历之祝所主者凡三事：一曰协时月正日以便民事也，二曰推终始五德以定天命也，《尧典》"天之历数在尔躬"，及后世言三代受命之符，皆推其本于历学。后世言《洪范》五行，言谶纬，皆发源于此。三曰占星象卜筮以决吉凶也。《汉书·艺文志》"九流略"有阴阳家，"数术略"有天文、历谱、五行、蓍龟、杂占、形法。古代之学术，半属此类。降及春秋，此术犹盛，如裨灶、梓慎之流，皆以司祝之官，为一时君相之顾问。而《左传》一书，言卜筮休咎、占验灾祥者，十居七八。后人不知人群初进时之形状，诧其支离诞妄，因以疑左氏之伪托，而不知胚胎时代，实以此为学术思想之中心点也。谶纬亦然，纬书之为真伪，今无暇置辨，要之必起于春秋战国时代，而为古学术之代表，无可疑也。

二曰史，掌人事者也。吾中华既天、祖并重，而天志则祝司之，祖法则史掌之。史与祝同权，实吾华独有之特色也。重实际故重经验，重经验故重先例，于是史职遂为学术思想之所荟萃。《周礼》有大史、小史、左史、右史、内史、外史。六经之中，若《诗》太史乘辅轩所采、若《书》、若《春秋》，《汉志》称"左史记言，右史记事，事为《春秋》，言为《尚书》"。皆史官之所职也；若《礼》、若《乐》，亦史官之支裔也。故欲求学者不可不于史官。周之周任、史佚也，楚之左史倚相也，老聃之为柱下史也，孔子适周而观史记也，就鲁史而作《春秋》也，盖道术之源泉，皆在于史。史与祝皆世其官，史之世官，至汉犹然，司马谈、司马迁其最著者也。若别为一族者然。盖当时竹帛不便，学术之传播甚难，非专其业者，不能尽其长也。而史之职，亦时有与祝之职相补助者。盖其言吉凶祸福之道，祝本于天以推于人，史鉴于祖以措于今。故《汉志》谓道家出于史官，而阴阳谶纬家言，亦常有与史相通者。要而论之，则胚胎时代之学术思想，全在天人相与之际，而枢纽于两者之间者，则祝与史皆有力也。今列其系统如下：

$$
学术思想_{天人相与}
\begin{cases}
（一）祝官_{天事}
\begin{cases}
（甲）司祀之祝 \\
（乙）司历之祝
\begin{cases}
（子）历象家（即天文学）\\
（丑）历数学（即阴阳家）\\
（寅）占验家（方术之言）
\end{cases}
\end{cases} \\
（二）史官_{人事}
\begin{cases}
（甲）志事的史家（儒家之祖）\\
（乙）推理的史家（道家之祖）
\end{cases}
\end{cases}
$$

此外尚有医官、乐官，亦于当时学术思想，颇有关系。但所关者只在一部分，而非其全体也，故略之不别论。古者之医必兼巫，故古"医"字作"毉"，《黄帝内经》有祝由科，然则医实祝之附庸也。乐与诗同体，诗掌于太史，乐官亦称瞽史，然则乐实史之附庸也。

吾于此章之末，欲更有一言，即当知此时代之学术思想，为贵族所专有，而不能普及于民间是也。吾华阶级制度，至战国而始破；若春秋以前，常有如印度所谓喀私德（Castes）、印度分人为四种，最上者称婆罗门，其次为刹利，其次为毗舍，最下者为首头陀，不许互通婚。中世欧罗巴所谓埃士忒德（Estates）欧人大率分僧侣、贵族、公民、奴隶四种。者。盖上流人士，握一群之实权，不独政治界为然，而学术思想界，尤其要者也。加以文字未备，典籍难传，交通未开，指舟车来往等言流布尤窒，故一切学术，非尽人可以自由研究之者。其权固不得不专归于最少数之人，势使然矣。而此少数之人，亦惟汲汲焉保持其旧，使勿失坠，既无余裕以从事于新理想，复无人相与讨论，以补其短而发其荣，此所以历世二千余年，而发达之效不睹也。虽然，此后全盛时代之学术思想，其胚胎皆蕴于此时。如《汉书·艺文志》"诸子略" 班《志》全本刘歆《七略》，故今用其原名。所述，谓：

儒家者流，出于司徒之官。

道家者流，出于史官。

阴阳家者流，出于羲和之官。

法家者流，出于理官。

名家者流，出于礼官。

墨家者流，出于清庙之守。

纵横家者流，出于行人之官。

杂家者流，出于议官。

农家者流，出于农稷之官。

小说家者流，出于稗官。

虽其分类未能尽当，其推原所出，亦非尽有依据，要之古代世官之制行，学术之业，专归于国民中一部一族，非其族者不能与闻，《管子》称士有士之乡，农有农之乡，工商有工商之乡，不可使杂处。又曰：士之子恒为士，农之子恒为农。盖古俗然也。古者以官为氏，如祝氏、史氏、乐正氏、仓氏、庾氏等，皆由世业之故。非在官者不获从事。此不惟中国为然，即各国古代，亦莫不皆然者也。中世欧罗巴学术之权，皆在教会；迨十五世纪以后，教会失其专业，人人得自由讲习，而新文明乃生。论者或以窒抑多数之民智为教会诟病，而不知当中世黑暗时代，苟无教会以延一线之光明，恐其堕落更有甚者，而后起之人，益复无所凭借也。然则知人论世，其功与过又岂可相掩耶？观胚胎时代之学术思想，亦如是已矣。

第三章　全盛时代

第一节　论周末学术思想勃兴之原因

全盛时代，以战国为主，而发端实在春秋之末。孔北老南，对垒互峙；九流十家，继轨并作。如春雷一声，万绿齐茁于广野；如火山乍裂，热石竞飞于天外。壮哉盛哉！非特中华学界之大观，抑亦世界学史之伟迹也。求其所以致此之原因，盖七事焉：

一由于蕴蓄之宏富也。人群初起，皆自草昧而进于光华。文明者，非一手一足所能成，非一朝一夕所可几也。传记所载，黄帝、尧、舜以来，文化已起，然史公犹谓搢绅难言焉。观夏、殷时代质朴之风，犹且若此，则唐、虞以前之文明，概可想矣。凡人群进化之公例，必由行国进而为居国，由渔猎进而为畜牧，由畜牧进而为耕桑。殷自成汤以至盘庚，凡五迁其都，盖尚未能脱行国之风焉。孟子颂周公之功，则曰"兼夷狄，驱猛兽"；《诗》美宣王之德，则以牛羊蕃息。盖殷、周以前，尚未尽成居国、成农国也。及文王化被南国，武周继起，而中央集权之制大定，威仪三千，周官三百。汉学家言，礼仪，《周礼》也；威仪，《仪礼》也。孔子叹之曰："周监于二代，郁郁乎文哉！吾从周。"自豳、岐以至春秋，又数百年，休养生息，遂一脱蛮野固陋之态。观于《左传》，列国士大夫之多才艺、娴文学者，所在皆然矣。积数千年民族之脑精，递相遗传，递相扩充，其机固有磅礴郁积、一触即发之势，而其所承受大陆之气象，与两河流之精华，机会已熟，则沛然矣。此固非岛夷谷民崎岖逼仄者之所能望也。此其一。

一由于社会之变迁也。由尧舜至于周初，由周初至于东迁，由东迁至于春秋之末，其间固划然分为数时代，其变迁之迹，亦有不可掩者。虽然，其迹不甚著，而史传亦不详焉。独至获麟以后，迄于秦始，实为中国社会变动最剧之时代。上自国土、政治，下及人心、风俗，皆与前此截然划一鸿沟。顾亭林《日知录》云："自《左传》之终以至战国，凡百三十三年，史文阙轶，考古者为之茫昧。如春秋时犹尊礼重信，而七国则绝不言礼与信矣。春秋时犹宗周王，而七国则绝不言王矣。春秋时犹严祭祀、重聘享，而七国则无其事矣。春秋时犹论宗姓氏族，七国则无一言及矣。春秋时犹宴会赋诗，而七国则不闻矣。春秋时犹有赴告策书，而七国则无有矣。邦无定交，士无定主。此皆变于一百三十三年之间。史之阙文，而后人可以意推者也，不待始皇并天下，而文武之道已尽矣。"而其变动之影响，一一皆波及于学术思想界。盖阀阅之阶级一破，前此为贵族世官所垄断之学问，一举而散诸民间，遂有"秦失其鹿，天下共逐"之观。欧洲十四五世纪时，学权由教会散诸民间，情形正与此同。此近世文明所由开也。周室之势既微，其所余虚文仪式之陈言，不足以范围一世之人心，遂有河出伏流一泻千里之概。此其二。

一由于思想言论之自由也。凡思想之分合，常与政治之分合成比例。国土隶于一王，则教学亦定于一尊，势使然也。周室为中央一统之祖，当其盛也，威权无外。《礼记·王制》所载，作左道以惑众杀，作奇器异服奇技淫巧以疑众杀，行伪而坚、言伪而辨、学非而博、顺非而泽以疑众杀。盖思想言论之束缚甚矣。周既不纲，权力四散，游士学者，各称道其所自得以横行于天下，不容于一国，则去而之他而已。故仲尼奸七十二君，墨翟来往大江南北，荀卿所谓"无置锥之地，而王公不能与之争名；在一大夫之位，则一君不能独畜，一国不能独容"，言论之自由，至是而极。加以历古以来，无宗教臭味，先进学说，未深入人心，学者尽其力之所及，拓殖新土，无罣无碍，岂所谓"海阔从鱼跃，天空任鸟飞"者耶？庄子曰："天下大乱，贤圣不明，道德不一，天下多得一察焉以自好。"《天下》篇孟子曰："圣王不作，诸侯放恣，处士横议。"盖政权之聚散，影响于学术思想者如是其甚也。此其三。

一由于交通之频繁也。泰西文明发生，有三阶段：其在上古，则腓尼西亚以商业之故，常周航于地中海之东西南岸，运安息、埃及之文明以入欧罗也；其在中世，则十字军东征，亘二百年，阿剌伯人西渐，威慑欧陆，由直接间接种种机会，以输入巴比伦、犹太之旧文明与隋唐时代之新文明也；其在近世，则列国并立，会盟征伐，常若比邻，彼此观感，相摩而善也。由此观之，安有不借交通之力者乎？交通之道不一，或以国际，各国交涉，日本名为"国际"，取《孟子》"交际何心"之义，最为精善。今从之。或以力征，或以服贾，或以游历，要之其有益于文明一也。春秋战国之时，兼并盛行，互相侵伐。其军队所及，自濡染其国政教、风俗之一二，归而调和于其本邦。征伐愈多，则调和愈多，而一种新思想，自不得不生。其在平时，则聘享交际之道，常为国家休戚所关，当时群雄割据，大国欲笼络小国以自雄，小国则承事大国以求保护，故其交际皆甚重要，非如周初朝觐贡献方物，循行故事而已。故各国皆不得不妙选人才，以相往来。若《相鼠》《茅鸱》之不知，将辱国体而危亡随之矣。其膺交通之任者，既国中文学最优之士，及其游于他社会，自能吸取其精英，赍之归以为用。如韩宣子聘鲁而见《易象》《春秋》，吴季札聘上国而知十五国风，皆其例也。而当时通商之业亦渐盛，豪商巨贾，往往与士大夫相酬酢。如郑商弦高，能以身救国；子贡废著鬻财于曹、鲁之间，结驷连骑以聘享诸侯，所至国君，无不分庭与之抗礼；而阳翟大贾吕不韦，至能召集门客，著《吕氏春秋》。盖商业之盛通，为学术思想之媒介者，亦不少焉。若夫纵横捭阖之士，专以奔走游说为业者，又不待言矣。故数千年来，交通之道，莫盛于战国。此其四。

　　一由于人才之见重也。一统独立之国，务绥靖内忧，驯扰魁桀不羁之气，故利民之愚；并立争竞之国，务防御外侮，动需奇材异能之徒，故利民之智。此亦古今中外得失之林哉！衰周之际，兼并最烈，时君之求人才，载饥载渴。又不徒奖厉本国之才而已，且专吸他国者而利用之。盖得之则可以为雄，失之且恐其走胡走越，以为吾患也。故秦迎孟尝，而齐王速复其位；商鞅去国，而魏遂弱于秦。游士之声价，重于时矣。贵族阶级，摧荡廓清，布衣卿相之局遂起。贵族阶级，最为文明之障碍。中国破此界最早，是亦历史之光也。士之欲得志于时者，莫不研精学问，标新领异，以自取重。虽其中多有势利无耻者，固不待言，而学问以辨而明，思潮以摩而起，道术之言，遂遍于天下。此其五。

　　一由于文字之趋简也。中国文字，衍形不衍音，故进化之难，原因于此者不少。但衍形之中，亦多变异，而改易最剧者，惟周末为甚。仓颉以来所用古籀，象形之文，十而八九。近世学者搜罗商周钟鼎，其字体盖大略相类。至秦皇刻石，而大变焉矣。《说文序》云:"诸侯力政,……分为七国,……言语异声,文字异形。秦始皇帝初兼天下,丞相李斯,乃奏同之,罢其不与秦文合者。"然则当时各国,各因所宜,随言造文,转变非一。故今传《墨子》《楚辞》所用字,往往与北方中原之书互有出入。《汉书·艺文志》谓秦"始造隶书,起于官狱多事,苟趋省易"。其实日趋简易者,人群进化之公例,积之者已非一日,而必非秦所能骤创也。文字既简,则书籍渐盛。墨子载书五车以游诸侯,庄子亦言"惠施多方,其书五车"。学者之研究日易,而发达亦因之以速,势使然也。此其六。

一由于讲学之风盛也。前此学术既在世官,则非其族者不敢希望。及学风兴于下,则不徒其发生也骤,而其传播也亦速。凡创一学说者,辄广求徒侣,传与其人。而千里负笈者,亦不绝于道。孔子之弟子三千;墨子之钜子遍于宋、郑、齐之间;孟子后车数十乘,从者数百人;许行之徒数十人,捆屦织席以为食:盖百家莫不皆然矣。此实定、哀以前之所无也。故一主义于此,一人倡之,百人从而和之;一人启其端,而百人扬其华,安得而不昌明也? 此其七。

此七端者,能尽其原因与否,吾不敢言,要之略具于是矣。全盛时代之所以为全盛,岂偶然哉! 岂偶然哉!

第二节 论诸家之派别

先秦之学,既称极盛,则其派别自千条万绪,非易论定。今请先述古籍分类异同之说,而别以鄙见损益之。

古籍中记载最详者,为《汉书·艺文志》,其所本者刘歆《七略》也。篇中"诸子略",实为学派论之中心点;而"兵书略""术数略""方技略"，亦学术界一部之现象也。今举"诸子略"之目如下，凡为十家，亦称九流：小说家不在九流之内。

一、儒家。二、道家。三、阴阳家。四、法家。五、名家。六、墨家。七、纵横家。八、杂家。九、农家。十、小说家。

又《史记·太史公自序》，述其父司马谈《论六家要指》，凡六家：

一、阴阳家。二、儒家。三、墨家。四、名家。五、法家。六、道德家。

诸子书中论学派者，以《荀子》之《非十二子》篇，《庄子》之《天下》篇为最详。《荀子》所论，凡六说十二家：

一、它嚣、魏牟。二、陈仲、史鳎。三、墨翟、宋钘。四、慎到、田骈。五、惠施、邓析。六、子思、孟轲。

《庄子》所论凡五家，并己而六：

一、墨翟、禽滑釐。二、宋钘、尹文。三、彭蒙、田骈、慎到。四、关尹、老聃。五、庄周。六、惠施。

以上四篇，皆专论学派者也。其他各书，论及者亦不鲜。《孟子》则以杨、墨并举，又以儒、墨、杨并举；《韩非子·显学》篇，则以儒、墨并举，又以儒、墨、杨、秉并举；《史记》则以老子、韩非合传，而《孟子荀卿传》中，附论驺忌、驺衍、淳于髡、慎到、环渊、接子、田骈、驺奭、公孙龙、剧子、李悝、尸子、长卢、吁子以及墨翟焉。

四篇之论，《荀子》最为杂乱。荀子北派之巨子也，故所列十二家皆北人，而南人无一焉。以老子、杨朱之学如此其盛，乃缺而不举，遗憾多矣。西方之学亦未一及。且所论者除墨翟、惠施之外，皆非其本派中之祖师也。若乃子思、孟轲，本与荀同源，而其强辞排斥，与他子等。盖荀卿实儒家中最狭隘者也，非徒崇本师以拒外道，亦且尊小宗而忘大宗。虽谓李斯坑儒之祸，发于荀卿，亦非过言也。李斯坑儒，所以排异己者，实荀卿狭隘主义之教也。故其所是非，殆不足采。《艺文志》亦非能知学派之真相者也。既列儒家于九流，则不应别著"六艺略"；既崇儒于六艺，何复夷其子孙以侪十家？其疵一也。纵横家毫无哲理，小说家不过文辞，杂家既谓之杂矣，岂复有家法之可言？而以之与儒、道、名、法、墨等比类齐观，不合论理。其疵二也。农家固一家言也，但其位置与兵、商、医诸家相等。农而可列于九流也，则如孙、吴之兵，计然、白圭之商，扁鹊之医，亦不可不为一流。今有"兵家略""方技略"在"诸子略"之外，于义不完。其疵三也。"诸子略"之阴阳家，与"术数略"界限不甚分明。其疵四也。故吾于班、刘之言，亦所不取。庄子所论，推重儒、墨、老三家，颇能絜当时学派之大纲，《天下》篇前一段所谓"内圣外王"之学者，指儒家也；宋钘、尹文，墨派也；彭蒙、田骈、慎到，老派也；庄子本身，老派也；惠施，名家言，亦与墨子《大取》《小取》等篇相近，近于墨派也。篇中一唱三叹者，惟孔、墨、老三家，实能知学界之大势也。然犹有漏略者。太史公司马谈之论，则所列六家，五雀六燕，轻重适当，皆分雄于当时学界中，旗鼓相当者也，分类之精，以此为最。虽然，欲以观各家所自起，及其精神之所存，则谈之言犹未足焉耳。今请据群籍，审趋势，自地理上、民族上放眼观察，而证以学说之性质，制一《先秦学派大势表》如下：

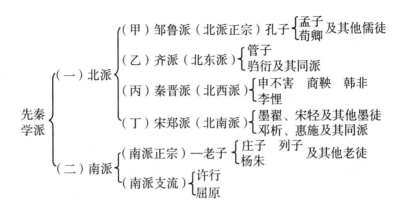

　　欲知先秦学派之真相，则南北两分潮最当注意者也。凡人群第一期之进化，必依河流而起，此万国之所同也。我中国有黄河、扬子江两大流，其位置、性质各殊，故各自有其本来之文明，为独立发达之观。虽屡相调和混合，而其差别相自有不可掩者。凡百皆然，而学术思想其一端也。北地苦寒硗瘠，谋生不易，其民族销磨精神日力以奔走衣食、维持社会，犹恐不给，无余裕以驰骛于玄妙之哲理，故其学术思想，常务实际，切人事，贵力行，重经验，而修身齐家治国利群之道术，最发达焉。惟然，故重家族，以族长制度为政治之本，封建与宗法皆族长政治之圆满者也。敬老年，尊先祖，随而崇古之念重，保守之情深，排外之力强。则古昔，称先王；内其国，外夷狄；重礼文，系亲爱；守法律，畏天命：此北学之精神也。南地则反是。其气候和，其土地饶，其谋生易，其民族不必惟一身一家之饱暖是忧，故常达观于世界以外。初而轻世，既而玩世，既而厌世。不屑屑于实际，故不重礼法；不拘拘于经验，故不崇先王。又其发达较迟，中原之人，常鄙夷之，谓为蛮野，故其对于北方学派，有吐弃之意，有破坏之心。探玄理，出世界；齐物我，平阶级；

轻私爱，厌繁文；明自然，顺本性：此南学之精神也。今请两两对照比较，以明其大体之差别，列表如下：

北派崇实际	南派崇虚想
北派主力行主动	南派主无为主静
北派贵人事	南派贵出世
北派明政法	南派明哲理
北派重阶级《中庸》曰："亲亲之杀，尊贤之等，礼所生也。"	南派重平等如庄子"齐物"、许行"并耕"之论。
北派重经验	南派重创造
北派喜保守孔子曰：非先王法服不敢服，非先王法行不敢行。	南派喜破坏老子曰："绝圣弃智，民利百倍；绝仁弃义，民复孝慈。"
北派主勉强勉强者,节性也。《书》曰："节性惟日其迈。"董子曰：勉强学问，勉强行道。孔子曰："克己复礼为仁。"	南派明自然自然者，顺性也。庄子山木之喻、浑沌窍之喻，皆其义也。
北派畏天孔子曰："畏天命。"	南派任天老子曰："天地不仁，以万物为刍狗。"
北派言排外	南派言无我
北派贵自强	南派贵谦弱

古书中言南北分潮之大势者，亦有一二焉。《中庸》云"宽柔以教，不报无道，南方之强也"，"衽金革，死而不厌，北方之强也"。《孟子》云："陈良，楚产也，悦周公、仲尼之道，北学于中国。北方之学者，未能或之先也。"是言南北之异点，彰明较著者也。要之此全盛时代之第一期，实以南北两派中分天下。北派之魁，厥惟孔子；南派之魁，厥惟老子。孔学之见排于南，犹老学之见排于北也。试观孔子在鲁、卫、齐之间，

所至皆见尊崇；乃至宋而畏矣，至陈、蔡而厄矣，宋、陈、蔡皆邻于南也；及至楚则接舆歌之，丈人揶揄之，长沮、桀溺目笑之，无所往而不阻焉：皆由学派之性质不同故也。北方多忧世勤劳之士，孔席不暖，墨突不黔，栖栖者终其身焉；南方则多弃世高蹈之徒，接舆、丈人、沮、溺，皆汲老庄之流者也：盖民族之异性使然也。

孔、老分雄南北，而起于其间者有墨子焉。墨亦北派也，顾北而稍近于南。墨子生于宋，宋，南北要冲也，故其学于南北各有所采，而自成一家言。其务实际、贵力行也，实原本于北派之真精神，而其刻苦也过之；但其多言天、鬼，颇及他界，肇创论法，渐阐哲理，力主兼爱，首倡平等，盖亦被南学之影响焉。故全盛时代之第二期，以孔、老、墨三分天下。孔、老、墨之盛，非徒在第二期而已，直至此时代之终。其余波及于汉初，犹有鼎足争雄之姿。详见第四章。今为三大宗表，示其学派势力之所及如下：

三宗

孔学

小康一派《春秋》据乱世、升平世之义，以法治国、以礼率民，故法家言亦颇出于此。其的传者为荀卿，而李克、李悝等之治术，亦多本此。李斯受其道以相秦，秦制多本焉。汉初贾谊、晁错，皆汲其流。此派之传最永。

大同一派《春秋》太平世之义，传诸子游，而孟子大昌明之。《荀子·非十二子》篇，攻子思、孟子云："以为仲尼、子游，为兹厚于后世。"可见子思、孟子之学，实由子游以受于孔子也。此派为荀派所夺，至秦而绝。

天人相与一派此派亦《春秋》之学，而其原出于《易》与《洪范》。盖九流所谓阴阳家者，此派之流裔也。以纬书为论宗，齐派（即北东派）多由此出。至汉代而极盛，董子及其余今文家言，皆其子孙也。

心性一派世子（硕）、漆雕子等传之，孟子、荀子、告子，皆各明一义。阅千余年后，衍为宋明学。

考证一派孔子祖述宪章，征夏礼、殷礼于杞、宋，读《易》韦编三绝，盖于考证古书，三致意焉。北派之重经验、崇前古，势则然也。此派亦荀卿受之。汉兴，六经皆荀卿所传，衍为东汉、初唐注疏之学。其末流盛于本朝乾嘉间。

记纂一派孔子因鲁史作《春秋》，左丘明采《国语》以为之传，盖北学重先例，故史学之兴，亦相因而至者也。太史公以绍述孔学自命，其作《史记》，即受孔子此派之教也。

老学

哲理一派此道德家言之正宗也。庄、列传之，大盛于魏晋间。

厌世一派凡游心空理者，必厌离世界。楚狂、沮、溺之徒，皆汲老学之流也。后世《逸民传》中人，皆属此派。

权谋一派老学最毒天下者，权谋之言也。将以愚民，非以明民，将欲取之，必先与之，此为老学入世之本。故纵横家言，实出于是；而法家末流，亦利用此术。《韩非子》有《解老》等篇。史公以老、韩合传，最得真相。此派极盛于战国之末矣。

纵乐一派杨朱传之，数千年来，日盛一日。

神秘一派谷神玄牝，流沙化胡，盖必有所授焉。后衍为神仙方术家言，盛于秦汉。复为符箓丹鼎之学，盛于汉末、三国、六朝。

墨学

兼爱一派此墨学正宗也。禽滑釐等为钜子，宋銒、尹文，以禁攻寝兵为务，皆此学之感化也。战国之末，祖述之者极盛。

游侠一派凡兼爱者必恶公敌，除害马乃所以爱马也。故墨学衍为游侠之风。楚之攻宋，墨子之徒，赴其难而死者七十二人，皆非有所为而为也，殉其主义而已。自战国以至汉初，此派极盛。朱家、郭解之流，实皆墨徒也。

名理一派《墨子·经说》上下、《大取》《小取》等篇，多名家言。《庄子·天下》篇，言南方之墨者以坚白同异之论相訾，以觭偶不仵之言相应。

此其大略也。虽然,吾非谓三宗之足以尽学派也,又非如俗儒之牵合附会,欲以当时之学派,尽归纳于此三宗也;不过示其势力之盛,及拓殖之广云尔。请更论余子。

南北两派之中,北之开化先于南,故支派亦独多。阴阳家言,胚胎时代祝官之遗也;法家言,远祖周礼,而以管子为继别之大宗,申、商为继祢之小宗,及其末流,面目大殊焉;名家言最后起,而常为诸学之媒介者也。孔、老、墨而外,惟此三家蔚为大国,巍然有独立之姿。而三家皆起于北方。此为全盛时代第三期。

齐,海国也。上古时代,我中华民族之有海思想者厥惟齐。故于其间产出两种观念焉,一曰国家观,二曰世界观。国家观衍为法家,世界观衍为阴阳家。自管仲借官山府海之利,定霸中原,锐意整顿内治,使成一"法治国"(Rechtsstaat)之形。《管子》一书,实国家思想最深切著明者也。但其书必非管子所自作,殆战国时其后辈所纂述。要之此书则代表齐国风者也。降及威、宣之世,而驺衍之徒兴。《史记》称衍:"深观阴阳消息,而作……,《终始》《大圣》之篇十余万言。其语闳大不经,必先验小物,推而大之,至于无垠。先序今以上至黄帝,学者所共术,大并世盛衰,因载其祒祥度制,推而远之,至天地未生,窈冥不可考而原也。先列中国名山大川通谷禽兽,水土所殖,物类所珍,因而推之,及海外人之所不能睹。称引天地剖判以来,五德转移,治各有宜,而符应若兹。以为儒者所谓中国者,于天下乃八十一分之一耳。中国名曰赤县神州。赤县神州内,自有九州,禹之序九州是也,不得为州数。中国外如赤县神州者九,乃所谓九州也。于是有裨海环之,……如此者九,乃有大瀛海环其外焉。"《史记·孟子荀卿列传》此其思想何等伟大,其推论何等渊微！非受海国感化者孰能与于斯？骈衍所谓"先验小物，推而大之"，近世奈端、达尔文诸贤，能开出弥天际地之大学说者，皆恃此术也。虽其以阴阳为论根，未免失据，然萌芽时代，岂能以今日我辈数千年后之眼识訾议之耶？骈子既没，而稷下先生数百辈，犹演其风。及秦汉时，遂有渡海求蓬莱之事。徐福之开化日本，皆骈子之徒导之也。此为齐派（北东派）之两大家。齐派之能独立于邹鲁派以外也，大国则然也，海国则然也。

秦，黄族先宅之地，而三皇所迭居也，控山谷之险，而民族强悍，故国家主义，亦最易发达。及战国之末，诸侯游士，辐辏走集，秦一一揖而入之。故其时西方之学术思想，烂然光焰万丈，有睥睨北、南、东而凌驾之之势。申不害，韩产也；商鞅，魏产也。三晋地势，与秦相近，法家言勃兴于此间。而商鞅首实行之，以致秦强。逮于韩非，以山东功利主义，与荆楚道术主义，合为一流；李斯复以儒术缘附之；而李克、李悝等，亦兼儒、法以为治者也。于是所谓秦晋派（北西派）者兴。秦晋派实前三派之合体而变相者也。

宋、郑，东西南北之中枢也，其国不大，而常为列强所争，故交通最频繁焉。于是墨家、名家起于此间。墨家之性质，前既言之矣，而墨翟亦名学一宗师也。名家言起于郑之邓析，而宋之惠施及赵之公孙龙大昌之。名家言者，其繁重博杂似北学，其推理俶诡似南学，其必起于中枢之地，而不起于齐、鲁、秦、晋、荆楚者，地势然也。其气象颇小，无大主义可以真自立，其不起于大国而必起于小国者，亦地势然也。要之此齐、秦晋、宋郑之三派者，观其大体，自划然活现北学之精神，而必非南学之所得而混也。地理与文明之关系，其密切而不可易，有如此者，岂不奇哉！

南派之老庄尚矣，而杨朱亦老学之嫡传也。杨子居为老子之徒，见《庄子》。杨氏之为我主义、纵乐主义，实皆起于厌世观。《列子·杨朱》篇引其学说曰："世事苦乐，古犹今也；变易治乱，古犹今也。既闻之矣，……既更之矣，百年犹厌其多，而况久生之苦也乎？"又曰："生则尧舜，死则腐骨；生则桀纣，死则腐骨。腐骨一矣，孰知其异？"盖其厌世之既极，任自然之既极，乃觉除为我主义、纵乐主义，更无所可事。此其与近世边沁、弥儿等之为我派、快乐派，由功利主义而生者，迥殊科矣。故北学之有墨，南学之有杨，皆走于两极端之极点，而立于正反对之地位。杨之于老，得其体而并神其用。杨学之几夺老席，非偶然也，故杨氏不可不列于大家而论之。

许行亦南学一代表也。但其流传甚微，非惟学说不见于他书，即其名亦除孟子外，未有称述之者。虽然，其所持理论，颇与希腊柏拉图之共产主义及近世欧洲之社会主义（Socialism）社会主义，与无政府主义相类，而亦不尽同。社会主义者，溺平等博爱之理论，而用之过其度者也。相类，盖反对北人阶级等杀之学说，矫枉而过其直者也。至其精神，渊源于老学，固自有不可掩者。老氏以初民之状态，为群治之极则，故其言曰，"郅治之极"，"邻国相望，鸡犬之声相闻"，"民各甘其食，美其服，安其俗，乐其业"，"至老死不相往来"。此正南方沃土之民之理想，而北人所必无者也。北方政论，主干涉主义；保民、牧民，皆干涉也。南方政论，主放任主义。此两主义者，在欧洲近世，互相沿革，互相胜负，而其长短得失，至今尚未有定论者也。十八世纪以前，重干涉主义；十八世纪后半、十九世纪前半，重放任主义；近则复趋于干涉主义。英国，放任主义之代表也；德国，干涉主义之代表也。卢梭，放任主义之宗师也；伯伦知理，干涉主义之宗师也。格兰斯顿，放任主

义之实行者也；比斯麦，干涉主义之实行者也。而许行实放任主义
之极端也。吾甚惜其微言之湮没而不彰也。《汉志》农家者流，殆
即指许行一派。若仅以李克"尽地力"者当之，似不足为一家言也。又按，
许行一派，亦兼有墨家主义，殆南而稍染北风也。但墨主干涉，而许主
放任，其精神自异。

屈原，文豪也，然其感情之渊微，设辞之瑰伟，亦我国思
想界中一异彩也。屈原以悲闵之极，不徒厌今而欲反之古也，
乃直厌俗而欲游于天。试读《离骚》自"跪敷衽以陈词兮"至
"哀高丘之无女"一段，自"灵氛既告余以吉占兮"至"蜷局
顾而不行"一段，徒见其词藻之纷纶杂沓，其文句之连犿俶傥，
而不知实厌世主义之极点也。《九歌》《天问》等篇，盖犹胚胎
时代之遗响焉。南人开化，后于北人，进化之迹，历历可征也。
屈原生于贵族，故其国家观念之强盛，与立身行己之端严，颇
近北派；至其学术思想，纯乎为南风也。此派后入汉而盛于淮南。
淮南鸡犬，虽谓闻三闾之说法而成道可也。

以上皆各派分流之大概也。北派支流多而面目各完，南派
支流少而体段未具。固由北地文明之起先于南，亦缘当时载籍
所传，北详南略，故南人之理想，残缺散佚而不可观者，尚多
多也。

诸派之初起，皆各树一帜，不相杂厕；及其末流，则互相
辨论，互相薰染，往往与其初祖之学说相出入，而旁采他派之
所长以修补之。故战国之末，实为全盛时代第四期，亦名之混
合时代，殆全盛中之全盛也。其时学界大势，有四现象：一曰
内分，二曰外布，三曰出入，四曰旁罗。四者皆进步之证验也。
所谓内分者，《韩非子·显学》篇云："自孔子之死也，有子张之儒，
有子思之儒，有颜氏之儒，有孟氏之儒，有漆雕氏之儒，有仲

梁氏之儒，有孙氏之儒，即荀卿有乐正氏之儒。自墨子之死也，有相里氏之墨，有相夫氏之墨，有邓陵氏之墨。故孔、墨之后，儒分为八，墨离为三。"而《荀子·非十二子》篇亦云"子游氏之贱儒""子夏氏之贱儒""子张氏之贱儒"。《庄子·天下》篇云："相里勤即《韩非子》所谓相里氏也。之弟子，五侯之徒，南方之墨者，苦获、已齿、郭注云：二人姓氏也。邓陵子之属，俱诵《墨经》，而倍谲不同，相谓别墨，以坚白同异之辩相訾，以觭偶不仵之辞相应。"观此可见当时各派分裂之大概矣。自余诸流，虽其支派不甚可考，要之必同此现象无疑也。后世曲儒，或以本派分裂，为道术衰微，不知学派之为物，与国家不同，国家分争而遂亡，学术分争而益盛。其同出一师而各明一义者，正如医学之解剖，乃能尽其体而无遗也。

所谓外布者，各派皆起于本土，内力既充，乃务拓殖民地于四方。于斯之时，地理界限渐破，有南北混流之观。《史记·儒林传》云：孔子既没，"七十子之徒，散游诸侯。……故子路居卫，澹台子羽居楚，子夏居西河，子贡终于齐"。西河，北西派所领地也；齐，北东派所领地也；楚，则南派之老营也。孟子曰："陈良，楚产也，……北学于中国。北方之学者，未能或之先也。"是儒行于南之证也。庄子云："南方之墨者，苦获、已齿、邓陵子之属，俱诵《墨经》。"是墨行于南之证也。慎到，赵人，田骈、接子，齐人，皆学黄老道德之术；见《史记·孟荀传》韩非，韩人，有《解老》之篇，是老行于北之证也。故其时学术渐进，不能以地为限。智识交换之途愈开，而南北两文明，与接为构，故蒸蒸而日向上也。

所谓出入者，当时诸派之后学，常从其所好，任意去就。孟子曰："逃墨必归于杨，逃杨必归于儒。"盖出彼入此，恬然不以为怪也。故禽滑釐，子夏弟子也，而为墨家钜子；庄周，田子方弟子也，而为道家魁桀；韩非、李斯，荀卿之弟子也，而为法家大成；陈相，陈良弟子也，而为农家前驱。自余诸辈，不见于载记者，当复何限。可见其时思想自由，达于极点，非如后世暖暖姝姝守一先生之言，而尺寸不敢越其畔也。

所谓旁罗者，当时诸派之大师，往往兼学他派之言，以光大本宗。如儒家者流之有荀卿也，兼治名家、法家言者也；道家者流之有庄周也，兼治儒家言者也；法家者流之有韩非也，兼治道家言者也。北、南、东、西四文明，愈接愈厉，至是几将合一炉而冶之。杂家之起于是时，亦运会使然也。苏、张纵横之辨，髡、衍稷下之谈，其论无当于宏旨，其义不主于一家，盖承极盛之后，闻见杂博，取材赡宏。秦相吕不韦，至集诸侯游客，作八览、六论、十二纪，兼儒、墨，合名、法，综道、德，齐兵、农，实千古类书之先河，亦一代思想之渊海也。故全盛时代第四期，列国之国势，楚、齐、秦三分而终并于秦；思想界之大势，亦楚、齐、秦鼎立而汇合于秦。今请更列一时期变迁表如下：

第一期	两派	北派 南派	第二期	三宗	孔学 老学 墨学	第三期	六家	儒家 墨家 名家 法家 阴阳家 }北派 道家——南派

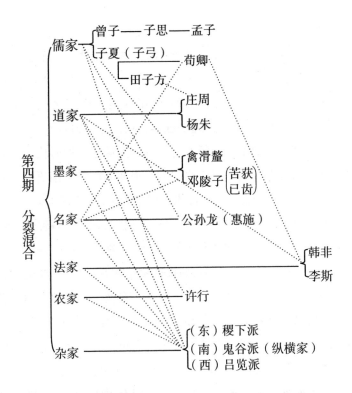

　　当时所极盛者，不徒哲理、政法诸学而已，而专门实际之学，亦多起乎其间。其一曰医学。《黄帝内经·素问》，考古者定为战国时书，盖非诬也。最名家者为扁鹊，其术能见五脏症结，盖全体之学精也；能割皮、解肌、诀脉、结筋、搦髓脑、揲荒爪幕、湔浣肠胃，则解剖之学明也。其二曰天算。《周髀算经》《九章算术》，亦衍于战国。《管子》有《地员》篇，是知地圆之理也；纬书言地有四游，是知地动之理也。汉张衡有地动仪。其名家之人，不能指之。其三曰兵法学。《孙武子》一书，兵学之精神备焉，虽拿破仑之用兵，不能出其范围也。而《吴子》《司马法》，亦有渊源。其四曰平准学。日本所谓经济学计然之策七，范蠡用其五于越国而霸诸侯；既施诸国，乃用诸家，三致千金焉。白圭乐观时变，尝自言"吾之治生也，犹伊尹、吕尚之谋，孙、吴用兵，商鞅行法，……是故其智不足与权变，勇不足以决断，仁不能以取予，强不能有所守，虽欲学吾术，终不告之矣"。俱见《史记·货殖传》是皆深通平准学，技而进乎道者也。

此外则尚有史学，亦颇发达。史学盖原于胚胎时代，至此乃渐成一家言者。太史公屡称"左丘失明，厥有《国语》"，而《春秋左氏传》一书，烂然为古代思想之光影焉。《汉志》有《铎氏春秋》，楚人铎椒之著也；有《虞氏春秋》，赵人虞卿之著也。其书今佚。其或为记事之史，如《左氏传》；或为解经之书，如《公羊》《穀梁传》；或为纂述之书，如《吕氏春秋》。皆不可考。此亦史学思想萌芽之征也。而其时光焰万丈者，尤在文学。文学亦学术思想所凭借以表见者也。屈、宋之专门名家者勿论，而老、墨、孟、荀、庄、列、商、韩，亦皆千古之文豪也。文学之盛衰，与思想之强弱，常成比例。当时文家之盛，非偶然也。

以上所列各派之流别，略具矣。但有附庸诸家，不能遍论者，今请列其总目如下：或虽非大家而有著书者亦列之，或虽无著书而为他书所称述者亦列之。

孔子　老子　墨子　管子战国时人纂集。　晏子战国时人纂集，《汉志》列于儒家。　孟子　荀卿　关尹子　列子或云依托。　庄子　慎子　文子采集本，或云依托。　鹖冠子楚人，居深山，以鹖为冠。其书今采集本，或云依托。　商君　韩非子　公孙龙子　尉缭子刘向《别录》云缭为商君学。　尸子名佼，晋人，商君师之。其书今采集本。　申子采集本。　鬼谷子或云依托。　邓析子采集本。　尹文子　惠子采集本。　楚辞　孙武子

以上其书今存列于《四库总目》者。其《四库》不载而近世

采集成本通行者数种亦附焉。

子思二十三篇　曾子十八篇　漆雕子十三篇　宓子十六篇名不齐，孔子弟子。　景子三篇《汉志》原注云："说宓子语，似其弟子。"　世子二十一篇名硕。　魏文侯六篇　李克七篇子夏弟子。　公孙尼子二十八篇　芈子十八篇名婴。　甯越一篇　公孙固一篇　董子一篇原注云："名无心。难墨子。"　徐子四十二篇原注云："宋外黄人。"　鲁仲连子十四篇　平原君七篇　虞氏春秋十五篇虞卿。　以上儒家者流。

蜎子十三篇原注云："名渊，楚人，老子弟子。"　老成子十八篇　长卢子九篇楚人。　王狄子一篇　公子牟四篇原注："魏之公子也。先庄子，庄子称之。"　田子二十五篇名骈。　老莱子十六篇楚人。　黔娄子四篇原注云："齐隐士。"　以上道家者流。

邹子四十九篇又邹子终始五十六篇原注："名衍，齐人，为燕昭王师。"　公孙发二十二篇原注："六国时。"　乘丘子五篇原注："六国时。"　杜文公五篇原注："六国时。"刘向《别录》云:韩人也。　黄帝泰素二十篇原注："六国时，韩诸公子所作。"　南公三十一篇原注："六国时。"　邹奭子十二篇原注："齐人。"　公梼生终始十四篇原注："传邹奭《始终》书。"　闾丘子十三篇原注："名快，魏人，在南公前。"　冯促十三篇原注："郑人。"　将钜子五篇原注："六国时。在南公前，南公称之。"　以上阴阳家者流。

李子三十二篇原注："名悝，相魏文侯。"　处子九篇　以上法家者流。

毛公九篇原注："赵人，与公孙龙等并游平原君家。"　以上名家者流。

田俅子三篇原注："先韩子。"　我子一篇　随巢子六篇　胡非子三篇原注并云："墨翟弟子。"　以上墨家者流。

苏子三十一篇　张子十篇　庞煖二篇原注："为燕将。"　以上纵横家者流。

伍子胥八篇　子晚子三十五篇原注云："齐人，好议兵。"　以上杂家者流。

神农二十篇原注云："六国时，诸子疾时怠于农业，道耕农事，托之神农。"　野老十七篇原注云："六国时。"　以上农家者流。

齐孙子八十九篇原注："图四卷。"颜注：孙膑也。　公孙鞅二十七篇　吴起四十八篇　范蠡二篇　大夫种二篇　李子十篇　庞煖三篇　兒良一篇六国时。　王孙十六篇原注："图五卷。"　魏公子二十一篇原注："图十卷，名无忌。"　以上兵书略。

扁鹊内经九卷外经十二卷　白氏内经三十八卷外经三十六卷　以上方伎略。

以上其书今佚，见于《汉书·艺文志》者。

它嚣见《荀子·非十二子》篇。　魏牟同上。《汉志》道家之公子牟，疑即是人。　陈仲同上。又见《孟子》。　史鰌同上。《论语》作史鱼。　宋钘同上。又见《庄子·天下》篇。《孟子》作宋牼。　彭蒙见《庄子·天下》篇。　许行见《孟子》。　告子见《孟子》，盖儒家也。　杨朱屡见《孟子》《庄子》。《列子》有《杨朱》篇，载其学说。　子莫见《孟子》。执杨、墨之中者。　淳于髡见《孟子》。《史记》云："博闻强记，学无所主。"　接子见《史记》。齐人。　环渊见《史记》。楚人，著上、下篇。或云即《汉志》之蜎子。　剧子见《史记》。　吁子见《史记》。《索隐》云：即《汉志》之芈子也。　秉见《庄子》。庄子谓惠施曰："儒、墨、杨、秉四，与夫子而五。"秉不知其何指，或言公孙龙字子秉也，待考。　白圭　计然俱见《史记》。

以上其名散见群书，无自著书，或有之而不载于《汉志》者。

综是观之，伟大哉，此时代之学术思想乎！繁赜哉，此时代之学术思想乎！权奇哉，此时代之学术思想乎！谓黄帝子孙而非神明也，谓亚洲大陆而非灵秀也，嘻，乌克有此！嘻，乌克有此！

第三节　论诸家学说之根据及其长短得失（阙）

此节原为本论最要之点，但著者学殖浅薄，综合而论断之，自愧未能，尚须假以时日，悉心研究，非可以半月一期报章之文，率尔操觚也。又其言太长，登诸报中，动弹数月，恐听者惟恐卧矣。以此二障，故从阙如。若夫就正有道，当俟全书杀青时矣。

著者附识

第四节　先秦学派与希腊印度学派比较

呜呼，世运之说，岂不信哉！当春秋、战国之交，岂特中国民智，为全盛时代而已，盖征诸全球，莫不尔焉。自孔子、老子以迄韩非、李斯，凡三百余年，九流百家，皆起于是。前空往劫，后绝来尘，尚矣。试征诸印度，万教之狮子厥惟佛。佛之生，在孔子前四百十七年，在耶稣前九百六十八年，此侯官严氏所考据也，见《天演论》下第三章按语。今从之。凡住世者七十九岁。佛灭度后六百年而马鸣论师兴，七百年而龙树菩萨现。马鸣、龙树，殆与孟子、荀卿同时也。八百余年而无著、世亲、陈那、护法诸大德起，大乘宏旨，显扬殆罄，时则秦汉之交也。而波你尼之声论哲学，为婆罗门教中兴巨子，亦起于马鸣前百余年。波你尼之学，以言语为道本，颇似五明中之声明，又与柏拉图之观念说相类。其时代传说不同，大率先波腾阇梨二百年。此印度之全盛时期也。更征诸希腊，七贤之中，德黎（Thales）称首，生鲁僖二十四年。亚诺芝曼德（Anaximandros），倡无极说者也，生鲁文十七年。毕达哥拉（Pythagoras），天算鼻祖，以律吕言天运者也，生鲁宣间。芝诺芬尼（Xenophanes），创名学者也，生鲁文七年。巴弥匿智（Parmenides），倡有宗者也，生鲁昭六年。额拉吉来图（Herakleitos），首言物性，而天演学之远祖也，生鲁定十三年。安那萨哥拉（Anaxagoras），讨论原质之学者也，额、安二哲皆安息人。生鲁定十年。德谟颉利图（Demokritos），倡阿屯论即莫破质点之说也。者也，生周定王九年。梭格拉底（Sokrates），言性理道德，西方之仲尼也，生周元王八年。柏拉图（Plato），伦理、政术之渊源也，生周考王十四年。亚里士多德（Aristoteles），古代学派之集大成也，生周安王十八年。此外则安得臣（Antisthenes），什匿派之大宗，倡克己绝欲之教者也，生周元间。芝诺（Zenor），斯多噶派之初祖，而泰西伦理风俗所由出也，生周显三年。伊壁鸠鲁（Epikouros），幸福主义之祖师也，生周显廿七年。至阿克西拉（Arkesilaos），倡怀疑学派，实惟希腊思想一结束。阿氏生周赧初年，卒始皇六年，是时正值中国焚坑之祸将起，而希学支流，亦自兹稍涸矣。由是观之，此前后一千年间，实为全地球有生以来空前绝后之盛运。兹三土者，地理之相去，如此其辽远，人种之差别，如此其淆异；而其菁英之磅礴发泄，如铜山崩而洛钟应，伶伦吹而凤皇鸣。於戏！其偶然耶，其有主之者耶，姑勿具论。要之此诸哲者，同时以其精神相接构相补助相战驳于一世界遥遥万里之间，既壮既剧，既热既切。我辈生其后受其教而食其赐者，乌可以不歌舞之，乌可以不媒介之？

以地理论，则中国、印度同为东洋学派，而希腊为西洋学派；以人种论，则印度、希腊同为阿利扬族学派，而中国为黄族学派；以性质论，则中国、希腊同为世间学派，而印度为出世间学派。希腊之斯多噶派、伊壁鸠鲁派、怀疑派，虽亦讲求解脱主义，然犹世间法之解脱也。中国之老庄亦然。故三者互有其相同之点、相异之点。今请校其长短而僭论之。

（甲）与希腊学派比较

（一）先秦学派之所长

凡一国思想之发达，恒与其地理之位置、历史之遗传有关系。中国者大国也，其人伟大之国民也，故其学界全盛之时，特优于他邦者自不少。今请举其五事：

曰国家思想之发达也。希腊有市府而无国家，如雅典、斯巴达诸邦，垂大名于历史者，实不过一都会而已。虽其自治之制整然，然终不能组织一国，如罗马及近世欧洲列邦。卒至外敌一来，而文明之迹，随群市府以同成灰烬者，盖国家思想缺乏使然也。柏拉图、亚里士多德，皆有功于政治学，而皆不适于造完全之国家。中国则自管子首以国家主义倡于北东，其继起者率以建国问题为第一目的，群书所争辩之点，大抵皆在此。虽孔、老有自由、干涉之分，商、墨有博爱、苛刻之异，然皆自以所信为立国之大原一也。中国民族所以能立国数千年，保持固有之文明而不失坠者，诸贤与有劳焉矣。此其一。

曰生计（Economy）问题之昌明也。希腊人重兵事，贵文学，而于生计最不屑屑焉。故当时哲学、技术，皆臻极盛，为万世师；独于兹科，讲论殊少，惟芝诺芬尼、亚里士多德，尝著论之而已。而中国则当先秦时，此学之昌，殆与欧洲十六七世纪相颉颃。若管子《轻重》《乘马》之篇，孟子井田彻助之制，墨翟务本节用之训，荀卿养欲给求之论，李悝尽地力之业，白圭观时变之言，商鞅开垦之令，许行并耕之说，或阐原理，或述作用，或主农稽，或贵懋迁，或倡自由政策（Free Trade），《孟子》：关市讥而不征，则天下之民，皆悦而愿藏诸其市矣。或言干涉主义，济济彬彬，各明一义。盖全地球生计学即前论所屡称之平准学发达之早，未有吾中国若者也。余拟著一《中国生计学史》，搜集前哲所论，以与泰西学说相比较。若能成之，亦一壮观也。此其二。

曰世界主义之光大也。希腊人，岛民也。其虚想虽能穷宇宙之本原，其实想不能脱市府之根性，故于人类全体团结之业，统治之法，幸福之原，未有留意者。中国则于修身、齐家、治国之外，又以平天下为一大问题。如孔学之大同太平，墨学之禁攻寝兵，老学之抱一为式，驺衍之终始五德，大抵向此问题而试研究也。虽其所谓天下者非真天下，而其理想固以全世界为鹄也。斯亦中国之所以为大也。此其三。

大抵中国之所长者在实际问题，在人事问题。就一二特点论之，则先秦时代之中国，颇类欧西今日；希腊时代之欧西，反类中国宋、明间也。此不过言其有相类者耳，非指其全体也。读者勿泥视。至就全体上论之，则亦有见优者。

曰家数之繁多也。希腊诸哲之名家者凡十余人，其所论问题，不出四五。大抵甲倡一说，而乙则引伸之，或反驳之，故其学界为螺线形，虽千变万化，殆皆一线所引也。中国则地大物博，交通未盛，学者每闭门造车，出门应辙，常非有所承而后起者也，故其学界为无数平行线形。六家九流之门户，前既言之矣，而其支与流裔，何啻百数，故每一问题，胪其异说，辄累累若贯珠然，问题之多，亦冠他界。此其四。

曰影响之广远也。自马基顿兼并以后，至西罗马灭亡以前，凡千余年间，希腊学术之影响于欧洲社会者甚微，盖由学理深远，不甚切于人事也。斯多噶派，虽与罗马风俗有影响，然不多也。先秦学者，生当乱世，目击民艰，其立论大率以救时厉俗为主，与群治之关系甚切密，故能以学说左右世界，以亘于今。虽其为益为损，未易断言，要其势力之伟大，殆非他方学界所能及也。此其五。

（二）先秦学派之所短

不知己之所长，则无以增长光大之；不知己之所短，则无以采择补正之。语其长，则爱国之言也；语其短，则救时之言也。今请举中国之缺点：

一曰论理（Logic）思想之缺乏也。凡在学界，有学必有问，有思必有辩。论理者，讲学家之剑胄也。故印度有因明之教，因明学者，印度五明之一也。其法为因、宗、喻三段，一如希腊之三句法。而希腊自芝诺芬尼、梭格拉底，屡用辩证法，至亚里士多德，而论理学蔚为一科矣。以此之故，其持论常圆满周到，首尾相赴，而真理愈析而愈明。中国虽有邓析、惠施、公孙龙等名家之言，然不过播弄诡辩，非能持之有故，言之成理，而其后亦无继者。当时坚白马等名学之词句，诸子所通称道也。如《墨子·大取》《小取》等篇最著矣，即孟、荀、庄、韩书中，亦往往援为论柄。但其学终不成一科耳。以故当时学者，著想非不邃奥，论事非不宏廓，但其周到精微，则远不逮希、印二土。试举一二为例。孟子云："杨氏为我，是无君也；墨氏兼爱，是无父也。"夫为我何故与无君同物，兼爱何故与无父同物，一以论理法反诘之，必立穷矣。孟子言性善，谓辞让之心,人皆有之;荀子言性恶,谓人之性好利,顺是则争夺生而辞让亡。其论法同一,而根据与结断皆相反,终相持而不能决,皆由无论理以范围之,不能于对待求真理也。《墨子·天志》篇云:"然则天亦何欲何恶?天欲义而恶不义。(中略)然则何以知欲义而恶不义?曰天下有义则生,无义则死。(中略)然则天欲其生而恶其死。(中略)此我所以知天欲义而恶不义也。"云云。语中叠用数"然则"字,望之极似循环论法。然究其极际,则天何以欲其生而恶其死之理据,墨子不能言也,是其前论之基础,胥不立矣。中国古书之说理,类此者什九,不能遍举也。大抵西人之著述,必先就其主题,立一界说,下一定义,然后循定义以纵说横说之。中国则不然,如孔子之言仁言孝,其义亦寥廓而不定,他无论矣。坐此之故,譬之虽有良将健卒,而无戈矛甲胄以为之借,故以攻不克,以守不牢。道之不能大光,实由于是。推其所以缺乏之由,殆缘当时学者,务以实际应用为鹄,而理论之是非,不暇措意,一也。又中国语言、文字分离,向无文典语典(Language Grammar)之教,因此措辞设句之法,不能分明,二也。又中国学者,常以教人为任,有传授而无驳诘,非如泰西之公其说以待人之赞成与否,故不必定求持论之圆到,三也。此事虽似细故,然实关于学术盛衰之大原。试观泰西古代思想,集成于亚里士多德,近世文明,滥觞于倍根,彼二人皆以论理学鸣者也。后有作者,可以知所务矣。

二曰物理实学之缺乏也。凡学术思想之发达,恒与格致科学相乘,远而希腊,近而当代,有明征矣。希腊学派之中坚,为梭格拉底、柏拉图、亚里士多德师弟。梭派之学,殚精于人道治理之中,病物理之繁赜高远而置之,其门庭颇与儒、法诸家相类。但自德黎以来,兹学固已大闿,而额拉吉来图、德谟颉利图诸大师,固已潭思入微,为数千年格致先声。故希腊学界,于天道、物理、人治三者，调和均平，其独步古今，良有由也。中国《大学》，虽著"格物"一目，然有录无书，百家之言虽繁，而及此者盖寡。其间惟墨子剖析颇精，但当时传者既微，秦汉以后，益复中绝。惟有阴阳五行之僻论，跋扈于学界，语及物性，则缘附以为辞，怪诞支离，不可穷诘，驯至堪舆、日者诸左道，迄今犹铭刻于全国人脑识之中。此亦数千年学术堕落之一原因也。

三曰无抗论别择之风也。希腊哲学之所以极盛，皆由彼此抗辩折中，进而愈深，引而愈长。譬有甲说之起，必有非甲说随起而与之抗；甲与非甲，辩争不已，时则有调和二者之乙说出焉；乙说既起，旋有非乙；乙、非乙争，又有调和，丙说斯立。此论理学中所谓三断式也。今示其图如下：

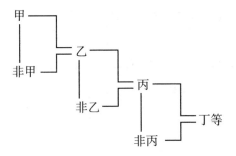

希腊学界之进步，全依此式。故自德黎开宗以后，有芝诺芬尼派之甲说，即有额拉吉来图之非甲说与之抗。对抗不已，而有调和派三家之丙说出焉。既有丙说，旋有怀疑派之非丙说踵起，而梭格拉底之丁说出，以集其成。梭圣门下，有什匿克派之戊说，旋有奇黎尼派之非戊说，而柏拉图之己说出，以执其中。己说既行，又有德谟吉来图之非己说，而亚里士多德之庚说，更承其后。如是辗转相袭，亘数百年，青青于蓝，冰寒于水，发挥光大，皆此之由。岂惟古代，即近世亦有然矣。《记》称舜之大智，曰"执其两端，用其中于民"。有两端焉，有中焉，则真理必于是乎在矣。乃先秦学派，非不盛也，百家异论，非不淆也，顾未有堂堂结垒，针锋相对，以激战者，其异同，皆无意识之异同也。于群言淆乱之中，起而折中者更无闻焉。后世儒者动言"群言淆乱衷诸圣"，此谰言也。此乃主奴之见，非所谓折中也。何以故？彼其所谓圣者，孔子也，如老、墨等群言，则孔子之论敌也。孔子立于甲位，群言立于非甲位，然则其能折中之者必乙也。今乃曰折中诸甲，有是理耶？若墨子之于孔子，可谓下宣战书者矣，然其论锋殊未正对也。墨之与杨，盖立于两极端矣，维时调和之者则有执中之子莫。子莫诚能知学界之情状者哉，惜其论不传。然以优胜劣败之理推之，其不传也，必其说之无足观也。苟有精义，他书必当引及。何以于《孟子》之外，并名氏亦无睹也？凡为折中之丙说者，必其见地有以过于甲、非甲两家，然后可以立于丙之地位。而中国殊不然，此学之所以不进也。今勿征诸远而征诸近，欧洲当近世之初，倍根、笛卡儿两派，对抗者数百年，日耳曼之康德起而折中之，而斯学益盛，康德固有以优于倍、笛二贤者也。中国自宋、明以来，程朱、陆王两派，对抗者亦数百年，本朝汤斌等起而折中之，而斯道转熄，汤斌固劣于晦庵、阳明远甚也。此亦古今得失之林矣。推其所由，大率论理思想之缺乏，实尸其咎。吾故曰：后有作者，不可不此之为务也。

　　四曰门户主奴之见太深也。凡依论理、持公心以相辨难者，则辨难愈多，真理愈明，而意见亦必不生。何也？所争者在理之是非，所敌者在说之异同，非与其人为争为敌也。不依论理、不持公心以相辨难，则非惟真理不出，而笔舌将为冤仇之府矣。先秦诸子之论战，实不及希哲之剧烈，而嫉妒褊狭之情，有大为吾历史污点者。以孔子之大圣，甫得政而戮少正卯。问其罪名，则行伪而坚、言伪而辩、学非而博、顺非而泽也。夫伪与真至难定形也，是与非至难定位也。藉令果伪矣，果非矣，亦不过出其所见，行其所信，纠而正之，斯亦可耳，而何至于杀？其毋乃以三盈三虚之故，变公敌而为私仇；其毋乃滥用强权，而为思想自由、言论自由之蟊贼耶？梭格拉底被僇于雅典，僇之者群盲也；今少正卯之学术，不知视梭氏何如，而以此见僇于圣人，吾实为我学界耻之。此后如墨子之非儒，则摭其陈、蔡享豚等阴私小节；孟子之距杨、墨，则毫无论据，而漫加以无父、无君之恶名；荀子之非十二子，动斥人为贱儒，指其无廉耻而嗜饮食。凡此之类，皆绝似村妪嫚骂口吻，毫无士君子从容论道之风，岂徒非所以待人，抑亦太不自重矣。无他，不能以理相胜，以论相折，而惟务以气相竞，以权相凌。然则焚坑之祸，岂待秦皇？彀中之入，岂待唐太？吾属稿至此，而不能不有惭于西方诸贤也。未识后之君子，能铲此蘖苗否也。

五曰崇古保守之念太重也。希腊诸哲之创一论也，皆自思索之，自组织之，自发布之，自承认之，初未尝依傍古人以为重也，皆务发前人所未发，而思以之易天下，未尝教人反古以为美也。中国则孔子大圣，祖述尧舜，宪章文武，述而不作，信而好古，非先王法言不敢道，非先王法行不敢行，其学派之立脚点，近于保守，无论矣。若夫老庄，以破坏为教者矣，乃孔子所崇者不过今之古，而老子所崇者乃在古之古。此殆中国人之根性使然哉。夫先秦诸子，其思想本强半自创者也。既自创之，则自认之，是非功过，悉任其责，斯岂非光明磊落者耶？
今乃不然，必托诸古。孔子托诸尧舜，墨翟托诸大禹，老子托
诸黄帝，许行托诸神农，自余百家，莫不如是。试一读《汉书·艺
文志》，其号称黄帝、容成、岐伯、风后、力牧、伊尹、孔甲、
太公所著书者不下百数十种，皆战国时人所依托也。嘻，何苦
乃尔。是必其重视古人太过而甘为之奴隶也，否则其持论不敢
自信，而欲诿功过于他人也，否则欲狐假虎威以欺饰庸耳俗目也。
吾百思不得其解，姑文其言曰崇古保守之念重而已。吾不敢妄
谤前辈，然吾祝我国今后之学界，永绝此等腹蟹目虾之遗习也。

六曰师法家数之界太严也。柏拉图，梭氏弟子也，而其学
常与梭异同；亚里士多德，柏氏弟子也，而其说常与柏反对。
故夫师也者，师其合于理也，时或深恶其人，而理之所在，斯
不得不师之矣。敌也者，敌其戾于理也，时或深敬其人，而理
之所非，斯亦不得不敌之矣。敬爱莫深于父母，而干父之蛊，
《大易》称之，斯岂非人道之极则耶？梭、柏、亚三哲之为师
弟，其爱情之笃，闻于古今，而其于学也若此。其所以衣钵相
传，为希学之正统者，盖有由也。苟不尔，则非梭之所以望于
柏，柏之所以望于亚矣。中国不然，守一先生之说，则兢兢焉
不敢出入，不敢增损，稍有异议，近焉者则曰背师，远焉者则
曰非圣，行将不容于天下矣。以故孔子之后，儒分为八，墨离
为三，而未闻有一焉能青于蓝而寒于水者。譬诸家人积聚之业，
父有千金产以遗诸子，子如克家，资母取赢，而万焉，而巨万焉，
斯乃父之志也。今日吾保守之而已，则群儿分领千金，其数已
微，不再传而为窭人矣。吾中国号称守师说者，既不过得其师
之一体，而又不敢有所异同增损，更传于其弟子，所遗者又不
过一体之一体，夫其学安得不澌灭也？试观二千年来孔教传授

之历史，其所以陵夷衰微日甚一日者，非坐此耶？夫一派之衰微，犹小焉耳，举国学者如是，则一国之学术思想界，奄奄无复生气，可不惧耶？可不惧耶？

（乙）与印度学派比较（阙）

欲比较印度学派，不可不先别著论，略述印度学术思想之变迁。今兹未能，愿以异日，故此段暂付阙如。

著者附识

第四章　儒学统一时代

　　泰西之政治，常随学术思想为转移；中国之学术思想，常随政治为转移，此不可谓非学界之一缺点也。是故政界各国并立，则学界亦各派并立；政界共主一统，则学界亦宗师一统。当战国之末，虽有标新领异如锦如荼之学派，不数十年，摧灭以尽，岿然独存者，惟一儒术。而学术思想进步之迹，亦自兹凝滞矣。夫进化之与竞争相缘者也，竞争绝则进化亦将与之俱绝。中国政治之所以不进化，曰惟共主一统故；中国学术所以不进化，曰惟宗师一统故。而其运皆起于秦汉之交，秦汉之交，实中国数千年一大关键也。抑泰西学术，亦何尝不由分而合，由合而分，递衍递嬗？然其凝滞不若中国之甚者，彼其统一之也以自力，此其统一之也以他力。所谓自力者何？学者各出其所见，互相辩诘，互相折中，竞争淘汰，优胜劣败。其最合于真理、最适于民用者，则相率而从之。衷于至当，异论自熄。泰西近日学界所谓定义、公例者，皆自此来也。所谓他力者何？有居上位、握权力者，从其所好，而提倡之，而左右之。有所奖厉于此，则有所窒抑于彼，其出入者谓之邪说异端，谓之非圣无法，风行草偃，民遂移风。泰西中古时代之景教，及吾中国数千年之孔学，皆自此来也。由前之道，则学必日进；由后之道，则学必日退。征诸前事，有明验矣。故儒学统一者，非中国学界之幸，而实中国学界之大不幸也。今请先语其原因，次叙其历史，次条其派别，次论其结果。

第一节　其原因

儒学统一云者，他学销沉之义也。一兴一亡之间，其原因至赜至杂。约而论之，则有六端。

天下大乱，兵甲满地，学者之日月，皆销蚀于忧皇扰攘之中，无复余裕以从事学业。而霸者复肆其残忍凶悍之手段，草薙而禽狝之。苟非有过人之精神毅力，则不能抱持其所学，以立于此棼乱暗黑之世界。故经周末兼并之祸，重以秦皇焚坑一役，而前此之道术，若风扫落叶，空卷残云，实诸学摧残之总原因，儒学与他学共之者也。此其一。

破坏不可以久也，故受之以建设。而其所最不幸者，则建设之主动力，非由学者而由帝王也。帝王既私天下，则其所以保之者，莫亟于靖人心。事杂言庞，各是所是而非所非，此人心所以滋动也。于是乎靖之之术，莫若取学术思想而一之。故凡专制之世，必禁言论思想之自由。秦汉之交，为中国专制政体发达完备时代，然则其建设之者，不惟其分而惟其合，不喜其并立而喜其一尊，势使然也。此其二。

既贵一尊矣，然当时百家，莫不自思以易天下，何为不一于他而独一于孔？是亦有故。周末大家，足与孔并者，无逾老、墨。然墨氏主平等，大不利于专制；老氏主放任，亦不利于干涉，与霸者所持之术，固已异矣。惟孔学则严等差，贵秩序，而措而施之者，归结于君权；虽有大同之义，太平之制，而密勿微言，闻者盖寡；其所以干七十二君，授三千弟子者，大率上天下泽之大义，扶阳抑阴之庸言，于帝王驭民，最为适合，故霸者窃取而利用之以宰制天下。汉高在马上，取儒冠以资溲溺，及既定大业，则适鲁而以太牢祀矣。盖前此则孔学可以为之阻力，后此则孔学可以为之奥援也。此其三。

然则法家之言，其利于霸者更甚，何为而不用之？曰：法家之为利也显而骤，其流弊多；儒家之为利也隐而长，其流弊少，夫半开之民之易欺也，朝四暮三则众狙喜，且笞且饴则群儿服。故宋修《太平御览》以縠英雄，清开博学鸿词以戢反侧，盖逆取顺守，道莫良于此矣。孔学说忠孝，道中庸，与民言服从，与君言仁政，其道可久，其法易行，非如法家之有术易以兴，无术易以亡也。然则孔学所以独行，所谓教竞君择，适者生存，亦天演学公例所不可逃也。此其四。

以上诸端，皆由他动力者也。至其由自动力者，则亦有焉。盈虚消长，万物之公例也。以故极盛之余，每难为继。彼希腊学术，经亚里士多德后而渐衰；近世哲理，经康德后而稍微。此亦人事之无如何者矣。九流既苗，精华尽吐，再世以后，民族之思想力既倦，震于前此诸大师之学说，以为不复可加，不复可几及，故有因袭，无创作，有传受，无扩充，势使然矣。然诸家道术，大率皆得一察焉以自好，承于前者既希，其传于后也亦自不广。孔学则祖述尧舜，宪章文武，在先师虽有改制法后之精神，在后学可以抱残守缺为尽责。是故无赴汤蹈火之实力，则不能传墨学；无幽玄微妙之智慧，不足以传老学。至于儒术，则言训诂者可以自附焉，言校勘者可以自附焉，言典章制度者可以自附焉，言心性理气者可以自附焉。其取途也甚宽，而所待于创作力也甚少，所以诸统中绝，而惟此为昌也。
此其五。

抑诸子之立教也，皆自欲以笔舌之力，开辟涂径，未尝有
借助于时君之心。如墨学主于锄强扶弱，势力愈盛者，则其仇
之愈至；老学则刍狗万物，轻世肆志，往往玩弄王侯，以鸣得意。
然则彼其学，非直霸者不取之，抑先自绝也。孔学不然，以用
世为目的，以格君为手段。故孔子及身，周游列国，高足弟子，
友交诸侯，为东周而必思用我，行仁术而必借王齐。盖儒学者，
实与帝王相依附而不可离者也。故陈涉起而孔鲋往，刘季兴而
叔孙从，恭顺有加，强聒不舍，捷足先得，谁曰不宜？此其六。

第二节 其历史

具彼六因，儒学所以视他学占优胜者，其故可知矣。虽然，
其发达亦非一朝一夕之故。请略叙之。

一、萌芽时代。当孔子之在世，其学未见重于时君也。及
魏文侯受经子夏，继以段干木、田子方，于是儒教始大于西河。
文侯初置博士官，实为以国力推行孔学之始，儒教第一功臣，
舍斯人无属矣。其次者为秦始皇。始皇焚坑之虐，后人以为敌
孔教，实非然也。始皇所焚者，不过民间之书，百家之语；所
坑者，不过咸阳诸生侯生、卢生等四十余人，未尝与儒教全体
为仇也。岂惟不仇，且自私而自尊之。其焚书之令云：有欲学
者，以吏为师。非禁民之学也，禁其于国立学校之外，有所私
业而已。所谓吏者何？则博士是也。秦承魏制，置博士官，伏生、
叔孙通、张苍，史皆称其故秦博士。盖始皇一天下，用李斯之
策，固已知辨上下、定民志之道，莫善于儒教矣。然则学术统

一与政治统一，同在一时，秦皇亦儒教之第二功臣也。汉高蚤年最恶儒，有儒冠者辄溲溺之，其吐弃也至矣。而郦食其、叔孙通、陆贾等，深自贬抑，包羞忍垢以从之。及天下既定，诸将争夺喧哗，引为深患。叔孙通乃缘附古制，为草朝仪，导之使知皇帝之贵，然后信孔学之真有利于人主。陆贾献《新语》，益知马上之不可以治天下。于是过鲁以太牢祠孔子，喟然兴学，以贻后昆。汉高实儒教之第三功臣也。

二、交战时代。虽然，天下事非一蹴可几者。当汉之初，儒教以外，诸学派其焰未衰。墨也，老也，法也，皆当时与孔学争衡者也。其在墨家，游侠一派独盛，朱家、郭解之流，为一时士夫所崇拜。太史公曰："儒以文乱法，而侠以武犯禁。"儒谓孔也，侠谓墨也。盖孔、墨两派，在当时社会，势力殆相埒焉。秦汉时人常以仲尼、墨翟并称，或以儒墨、儒侠并称。南海先生所著《孔子改制考》尝汇抄之，得百余条。其在道家，则汉初之时，殆夺孔席。盖公之教曹参，史称曹参为齐悼惠王相，召诸儒百数，问安集百姓之道，言人人殊，莫知所从。闻胶西有盖公者，善黄老言，请见之。盖公为言治道清静，则民自定。曹参大悦，师之。后相汉，日饮醇酒，与民休息，皆得力于道家言也。黄生之事窦后，《汉书·外戚传》云："太后好黄帝、老子言。景帝及诸窦不得不读《老子》，尊其术。"按，窦后为文帝后，文帝即位之年即册立，而崩于武帝建元六年。此四十五年间，势倾外廷，天子、宰相莫敢逆。登高而呼，故道家言披靡朝野。史称老徒黄生与儒徒辕固生尝辨难于帝前。窦后怒，使辕固人圈刺豕，欲杀之。其束缚言论自由，可见一斑矣。此倡之自上者也。淮南王之著《鸿烈解》，高诱注《淮南子》云，天下方术之士多归淮南，于是苏飞、李尚、左吴、田由、雷被、毛被、伍被等八人，及诸儒大山、小山之徒，讲论道德，总统仁义，以著此书。其旨近于《老子》，淡泊无为,蹈虚守静云云。司马谈之《论六家要指》,《史记·太史公自序》,列其父谈所论六家要指,谓儒、墨、阴阳、名、法、道各有所长,而归本于道家。班固讥史公先黄老而后六经,实则此乃谈之言,非迁之言也。此演之自下者也。故当时儒学虽磅礴郁积于下,而有压之于上者,故未能得志焉。其在法家,则景帝时代,晁错用事,史称错与洛阳宋孟、刘带同学申、商刑名之学于轵县张恢。然则张恢殆当时法家大师也。权倾九卿,法令多所更定。而武帝虽重儒术,实好察察之明,任用桑弘羊辈,欲行李悝、商鞅之术以治天下,故儒、法并立,而相水火于朝廷。《盐铁论》一书,实数千年争辨学术之第一大公案也。《盐铁论》,汉桓宽撰,乃叙述始元六年丞相、御史与所举贤良文学论辨盐铁均输之利害者也。两党各持一见,互相诘难,洋洋十数万言。以视英国议院争爱尔兰自治案、改正选举法案者,其论辨之激烈、持理之坚确,殆有过之无不及,实为中国学界、政界放一大异彩也。由此观之,当儒学将定未定之际,与之争统者凡三家。就中随分为三小时期,第一期为儒、墨之争。盖承战国"武士道"之余习,四公子孟尝、平原、信陵、春申。之遗风,犹赫赫印人耳目,故重然诺、锄强扶弱之美德,犹为一世所称羡,尚气之士,每不惜触禁网以赴之,而诋儒为柔巽者有焉矣。虽然,其道最不利于霸者,朝廷豪族,日芟而月锄之,文、景以降,殆萎绝矣。第二期为儒、道之争。道家有君、如窦太后、文帝、景帝等。相如曹参、汲黯等。以为之后援,故其势滋盛。而经数百年战争丧乱之后,与民休息,其道术固有适宜于当时之天择者,故气焰骤扬,而诋儒为虚伪繁缛者有焉矣。虽然,帝者之好尚变,而其统之盛衰亦与俱变。第三期为儒、法之争。儒、法两有利于世主,而法家之利显而近,儒家之利隐而长。景、武之时,急于功名,法语斯起,而诋儒为迂腐不切者有焉矣。

然当时儒、法胜负之数，颇不在世主而在两造之自力。盖法家之有力者，不能善用其术，缘操切以致挫败；而儒家养百年来之潜势力，人才济济，颇能不畏强御以伸其主义，故朝野两途，皆占全胜也。自兹以往，而儒学之基础始定。

三、确立时代。自魏文侯以后，最有功于儒学者，不得不推汉武帝。然武帝当窦后未殁以前，不能实行所志。彼其第一次崇儒政策，以武帝之雄才大略主持于上，窦婴以太后之亲为丞相，田蚡以帝舅为太尉，赵绾为御史大夫，王臧为郎中令，皆推崇儒术，将迎申公于鲁，设明堂，制礼作乐，文致太平。然太后一怒，绾、臧下吏，婴、蚡罢斥，遂以蹉跌。卒至后崩，蚡复为相，董仲舒对策贤良，请表章六艺，罢黜百家，凡非在六艺之科者绝勿进。自兹以往，儒学之尊严，迥绝百流。遂乃兴学校，置博士，设明经射策之科。公孙弘徒以缘饰经术，起家布衣，封侯策相。二千年来国教之局，乃始定矣。

四、变相时代。一尊既定，尊经逾笃，每行一事，必求合于六艺之文。哀、平之间，新都得政，因缘外戚，遂觊非常，然必附会经文，始足以钳盈廷之口。求诸古人，惟有周公可以附合，爰使刘歆，制作伪经，随文窜入，力有不足，假借古书。古人削竹为篇，漆书其上，今之一卷，古可专本。其为工也多，故传书甚少；其转徙也艰，故受毁甚易；其为费也不资，故白屋之士不能得书者甚众。以此三者，故图书悉萃秘府。歆既亲典中书，任意抑扬，纵怀改窜，谓此石渠秘籍，非民间有也，人孰不从而信之？即不见信，又孰从而难之？况有君权，潜为驱督，于是鸿都太学，承用其书，奉为太师，视为家法。莒人灭鄫，吕种易赢，自兹以往，而儒之为儒，又非孔子之旧矣。

五、极盛时代。虽然，新歆之学，固未能遽以尽易天下也。

而东汉百余年间，孔学之全盛，实达于极点。今请列西汉与东汉之比较：（一）西汉有异派之争，而东汉无有也。西汉前半纪三小期之交战时代，不待言矣，即武帝别黑白、定一尊以后，亦尚有如汲黯之治黄老，桑弘羊、张汤之治刑法者。东汉则真绝矣。（二）东汉帝者皆受经讲学，而西汉无有也。明帝亲临辟雍，养三老五更。自章帝以下，史皆称其受经渊源。（三）西汉传经之业，专在学官，而东汉则散诸民间也。凡学权垄断于一处者，学必衰；散布诸民间者，学必盛。泰西古学复兴时代，学权由教会移于平民，遂开近代之治，其明证也。西汉非诣博士不得受业，虽有私授，而其传不广。东汉则讲学之风，盛于一时。史所载如刘昆弟子常五百余人；洼丹徒众数百人；杨伦讲授大泽中，弟子千余人；薛汉教授常数百人；杜抚弟子千余人；曹曾、魏应、宋登、丁恭皆弟子数千人；楼望九千余人；牟长门下著录万余人；蔡玄万六千人。诸如此者，不可枚举。（四）西汉传经，仅凭口说，而东汉则著书极盛也。西汉说经之书，惟有《春秋繁露》《韩诗外传》一二种，其余皆口授而已。东汉则除贾、马、许、郑、服、何诸大家，著述传世人人共见者不计外，其《儒林传》所载，如周防著四十万言，伏恭著二十万言，景鸾著五十万言，其余数万言者，尚指不胜屈。故谓东京儒术之盛，上轶往轨，下绝来尘，非过言也。

第三节　其派别

竞争之例，与天演相终始，外竞既绝，内竞斯起，于群治有然，于学术亦有然。《韩非子·显学》篇，谓孔子卒后，儒分为八。顾汉代儒学虽极盛，而所谓八儒者，则渺不可睹。其条叶跗萼，千差万别，又迥非初开宗时之情状矣。今欲言汉儒之派别，请先言汉以前之派别。

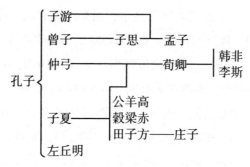

表例说明：一、其流派不光大者不列。一、列子游于孟子派者，孟子言大同，而大同之说，本于《礼运》，《礼运》为子游所传。《荀子·非十二子》篇攻思、孟条下又云："以为仲尼、子游，为兹厚于后世。"故知孟子之学，出于子游也。一、列仲弓于荀卿派者，《非十二子》篇仲尼、子弓并称。《论语》言："雍也可使南面。"正荀子君权之学说所自出也。

孔子之学，本有微言、大义两派。微言亦谓之大同，大义亦谓之小康；大同亦谓之太平，小康亦谓之拨乱，谓之升平。拨乱、升平、太平，《春秋》谓之"三世"。三世之中，复各含三世，如太平之拨乱、太平之升平、太平之太平等是也。大义之学，荀卿传之；微言之学，孟子传之。至微言中最上乘，所谓太平之太平者，或颜氏之子其庶几乎，而惜其遗绪之湮没而不见也。庄生本南派巨子，而复北学于中国，含英咀华，所得独深，殆绍颜氏不传之统者哉。然其嗣续固不可以专属于孔氏。然则孔学在战国，则固已仅余孟、荀两家，最为光大。而二派者，孔子之时，便已参商，迨及末流，截然相反。孟子治《春秋》，荀子治《礼》；《春秋》孔子所自作，明改制、致太平之意者也；《礼》孔子所雅言，为寻常人说法者也。孟子道性善，荀子言性恶；两义皆孔子所有。言大同者必言性善，太平世当人人平等也；言小康者必言性恶，拨乱世当以贤治不肖也。故言性善者必言扩充，近于自由主义；言性恶者必言克治，近于督制主义。孟子称尧舜，荀子法后王，尧舜者大同之代表也，《礼运》所谓"大道之行也，天下为公，选贤与能"等是也；后王者禹、汤、文、武、成王、周公，小康之代表也，《礼运》所谓"三代之英"，所谓"六君子"也，所谓"天下为家，各亲其亲，各子其子，货力为己，大人世及以为礼，……礼义以为纪"等是也。此其大端也。若其小节，更仆难终。孟子既没，公孙丑、万章之徒，不克负荷，其道无传。荀子身虽不见用，而其弟子韩非、李斯等，大显于秦，秦人之政，壹宗非、斯。汉世六经家法，强半为荀子所传，见汪容甫《述学》。而传经诸老师，又多故秦博士，故自汉以后，名虽为昌明孔学，实则所传者，仅荀学一支派而已。此真孔学之大不幸也。汉代学术在荀派以外者，惟《公羊春秋》耳。

汉儒流派繁多，综其大别，可分两种：

一、说经之儒

二、著书之儒

一、说经之儒。在昔书籍之流布不易，故欲学者皆凭口说，非师师相传，其学无由，故家法最重焉。今请将各经传授本师，列表如下：

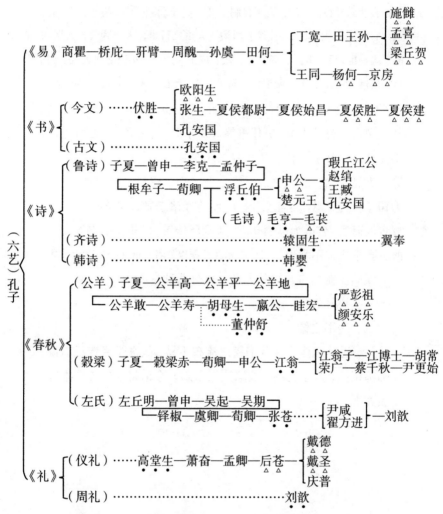

表例说明：一、凡传授不断者，以—为识；传授不明者，以…为识。一、所表传授人，只据故书，其真伪非著者之责任。一、每经于汉初第一本师，旁施‥为识；立于学官者，旁施△△为识。

　　由此观之,《鲁诗》《毛诗》《穀梁春秋》《左氏春秋》,皆出自荀卿,传有明文;而伏生、辕固生、张苍,皆故秦博士;《礼经》传授,高堂生之前,虽不可考,然荀卿一书,皆崇礼由礼之言,两《戴记》又多采荀卿文字,则其必传自荀门,可以推见。若是乎,两汉经术其为荀学者十而七八,昭昭然也。

　　论两汉经学学派,最当注意者,今古文之争是也。今文传自西汉之初,所谓十四博士列于学官者是也;古文兴于西汉之末,新莽篡国、刘歆校书时所晚出者也。今文虽不足以尽孔学,然犹不失为孔学一支流;古文则经乱贼伪师之改窜附托,其与孔子之意背而驰者,往往然矣。古文虽不盛于汉代,然汉末魏晋间,马融、郑玄、王肃之徒,大扬其波;逾六朝以及初唐,泐定《五经正义》,皆为古文学独占时代。盖自是而儒者所传习,不惟非孔学之旧,抑又非荀学之旧矣。今将汉代所立于学官者,列其今古文之派为一表:

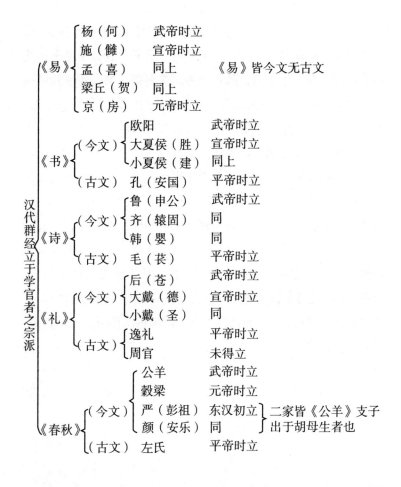

综而论之,两汉经师,可分四种:其一,口说家。专务抱残守缺,传与其人,家法谨严,发明颇少,如田何、丁宽、伏生、欧阳生、申公、辕固生、胡母生、江翁、高堂生等其人也。其二,经世家。衍经术以言政治,所谓以《禹贡》行水,以《洪范》察变,以《春秋》折狱,以《三百五篇》当谏书,如贾谊、董仲舒、龚胜、萧望之、匡衡、刘向等其人也。其三,灾异家。

灾异之说何自起乎？孔子小康之义，势不得不以一国之权托诸君主，而又恐君主之权无限，而暴君益乘以为虐也。于是乎思所以制之，乃于《春秋》特著以元统天、以天统君之义，而群经亦往往三致意焉。其即位也，誓天而治；其崩薨也，称天而谥。是盖孔子所殚思焦虑，计无复之，而不得已出于此途者也。不然，以孔子之圣智，宁不知日食、彗见、地震、星孛、鹢退、石陨等，地文之现象，动物之恒情，于人事上、政治上毫无关系也。而断断然视之若甚郑重焉者，毋亦以民权既未能兴，则政府之举动措置，既莫或监督之而匡纠之，使非于无形中有所以相慑，则民贼更何忌惮也？孔子盖深察夫据乱时代之人类，其宗教迷信之念甚强也，故利用之而申警之。若曰："某某者天神震怒之象也，某某者地祇怨恫之征也，其必由人主之失德使然也，是不可不恐惧，是不可不修省。"夫人主者，无论何人，无论何时，夫安能无失德？则虽灾变日起，而无不可以附会。但使稍自爱者，能恐惧一二，修省一二，则生民之祸，其亦可以稍弭。此孔子言灾异之微意也。虽其术虚渺迂远，断不足以收匡正之实效，然用心盖良苦矣。江都最知此义，故其对天人策，三致意焉。汉初大儒之言灾异，大率宗此旨也。及于末流，浸乖本谊，牵合附会，自惑惑人。如《书》则有《洪范》五行，《礼》则有《明堂》阴阳，《易》则京房之象数灾异，《诗》则翼奉之五际六情，齐诗派。至于《春秋》，又益甚焉。驯至谶纬之学，支离诞妄，不可穷诘，骎骎竞起，以夺孔席，则两汉学者之罪也。其四，训诂家。汉初大师之传经也，循其大体玩经文，见《汉书·艺文志》。不为章句训故，举大义而已，见《汉书·儒林传》。故读一经通一经之义，明一义得一义之用。自莽、歆以后，提倡校勘诂释之学，逮东都之末，则贾、马、许、郑，益覃心于笺注，以破碎繁难相夸尚，于是学风又一变。近启有唐陆德明、孔颖达之渊源，远导近今段玉裁、王引之之嚆矢，买椟还珠，去圣愈远。盖两汉经学，虽称极盛，而一乱于灾异，再乱于训诂。灾异乱其义，训诂乱其言，至是益非孔学之旧，而斯道亦稍陵夷衰微矣。

二、著书之儒。今所传汉代著述，除经注词赋外，其稍成一家言者，有若陆贾之《新语》，贾谊之《新书》，董仲舒之《春秋繁露》，司马迁之《史记》，淮南王安之《淮南子》，桓宽之《盐铁论》，刘向之《说苑》《新序》，扬雄之《法言》《太玄》，王充之《论衡》，王符之《潜夫论》，仲长统之《昌言》，许慎之《说文解字》等，四百年中，寥寥数子而已。而《说文》不过字书，于学术思想，全无关系。《盐铁论》专纪一议案，亦非可以列于作者之林。《新语》真赝未定。《新书》割缀所成，未足以概作者之学识。要之汉家一代著述，除《淮南子》外，皆儒家言也。而其有一论之价值者，惟董仲舒、司马迁、刘向、扬雄、王充、王符、仲长统七人而已。江都《繁露》虽以说经为主，然其究天人相与之故，衍微言大义之传，实可为西汉学统之代表。《史记》千古之绝作也，不徒为我国开历史之先声而已，其寄意深远，其托义皆有所独见，而不徇于流俗。本纪之托始尧舜（五帝）也，世家之托始泰伯也，列传之托始伯夷也，皆贵其让国让天下，以诛夫民贼之视国土为一姓产业者也；陈涉而列诸世家也，项羽而列诸本纪也，尊革命之首功，不以成败论人也；孔子而列诸世家也，仲尼弟子而为列传也，尊教统也；《孟荀列传》而包含余子也，著两大师以明群学末流之离合也；老子、韩非同传，明道、法二家之关系也；游侠有传，刺客有传，厉尚武之精神也；龟策有传，日者有传，破宗教之迷信也；货殖有传，明生计学之切于人道也。故太史公诚汉代独一无二之大儒矣。彼其家学渊源，既已深邃，《太史公自序》，称其父谈"学天官于唐都，受《易》于杨何，习道论于黄子"。生于天下之中央，而足迹遍海内。《自序》云"迁生龙门，耕牧河山之阳"，"二十而南游江、淮，上会稽，探禹穴，窥九疑，浮于沅、湘，北涉汶、泗，讲业齐、鲁之都"，"厄困鄱、薛、彭城，过梁、楚以归。于是仕为郎中，奉使西征巴、蜀以南，南略邛、笮、昆明，还报命。"盖今日版图，除两广、贵州、福建、甘肃五省外，史公足迹皆遍矣。其于孔子之学，独得力于《春秋》，《自序》称"吾闻诸董生曰"云云，盖史公于董子，必有渊源矣。《公羊传》屡引子司马子曰云云，吾友仁和夏曾佑，以为必史公也。而南派、北东派、北西派之精华，皆能咀嚼而融化之。又世在史官，承胚胎时代种种旧思想，磅礴郁积，以入于一百三十篇之中，虽谓史公为上古学术思想之集大成可也。刘中垒粹然醇儒，然为当时阴阳五行说所困，不能自拔，《说苑》陈义至浅，殆无足云。扬子云新莽大夫，曲学阿世，著《太玄》以拟《易》，著《法言》以拟《论语》，是足以代表当时学者乏创作力，而惟存模拟性也。王仲任颇思为穷理察变之学，然学识不足以副之，撷其小而遗其大。吾友余杭章炳麟，以比希腊之烦琐哲学，斯为近矣。节信王符、公理仲长统虽文辞斐然，然止于政论，指摘当时末流之弊而已，于数千年学术思想界中，不足以占一席。若是乎，两汉之以著述鸣者，惟江都、龙门二子，独有心得，为学界放一线光明而已。嗟乎！斯道之衰，一何至是。君子观于此而益叹言论自由、思想自由之不可以已如是其甚也。

其于说经著书之外，足以觇当时文明之迹者，则词赋为最优，而枚乘、司马相如、扬雄、班固等其代表人也。而唐都、洛下闳之历数，张仲景之医方，著《伤寒论》。张衡之技巧，制地动仪。亦有足多者焉。

第四节　其结果

儒学统一之运，既至两汉而极盛，其结果则何如？试举荦荦大者论之。

一曰名节盛而风俗美也。儒学本有名教之目，故砥砺廉隅，崇尚名节，以是为一切公德私德之本。孝武表章六艺，师儒虽盛，而斯义未昌，故新莽居摄，颂德献符者遍天下。光武有鉴于此，故尊崇节义，敦厉名实，以"经明行修"四字，为进退士类之标准。故东汉二百年间，而孔子之所谓儒行者，渐渍社会，浸成风俗。至其末造，朝政昏浊，国事日非，而党锢之流，独行之辈，依仁蹈义，舍命不渝，风雨如晦，鸡鸣不已，让爵让产，史不绝书，或千里以急朋友之难，或连轸以犯时主之威。论者谓三代以下，风俗之美，莫尚于东京，非过言也。夫当时所谓名节者，其果人人出于真心与否，吾不敢言。虽然，孟德斯鸠不云乎"立君之国，以名誉心为元气"？孔子之政治思想，专就其小康之统言。则正孟德斯鸠所谓立君政体也，故其所以维持之者，莫急于尚名。沿至东京，而儒效极矣。《南史》有云："汉世士务修身，故忠孝成俗。至于乘轩服冕，非此莫由。"顾亭林亦云："名之所在，上之所庸，而忠信廉洁者，显荣于世；名之所去，上之所摈，而怙侈贪得者，废锢于家。即不无一二矫伪之徒，犹愈于肆然而为利者。"又曰："虽不能使天下之人以义为利，犹使之以名为利。"名节者，实东汉儒教一最良之结果也。虽其始或为"以名为利"之一念所驱而非其本相乎，至其浸成风俗，则其欲利之第一性，或且为欲名之第二性所掩夺，而舍利取名者往往然矣。是孔学所以坊民之要具也。

二曰民志定而国小康也。孔子之论政，虽有所谓大同之世，太平之治，其所雅言者，总不出上天下泽，君臣大防，故东汉承其学风，斯旨最畅。范蔚宗之论，以为"桓灵之间，君道秕僻，朝纲日陵，国隙屡启。自中智以下，靡不审其崩离。而权强之臣，息其窥盗之谋；豪俊之夫，屈于鄙生之议"，《后汉书·儒林传论》。"所以倾而未颠，决而未溃，岂非仁人君子心力之为乎？"同，《左雄传论》。诚哉其知言也，儒教之结果使然也。自兹以往，二千余年，以此义为国民教育之中心点。宋贤大扬其波，基础益定。凡缙绅上流，束身自好者，莫不兢兢焉。义理既入于人心，自能消其枭雄跋扈之气，束缚于名教以就范围。若汉之诸葛，唐之汾阳，近世之曾、左，皆食其赐者也。夫共和之治既未可骤几，则与其乱臣贼子，继踵方轨，以暴易暴，诚不如戢其戾气，进之恭顺，而国本可以不屡摇，生民可以不涂炭。两汉以后所以弑逆之祸稍杀于春秋，而权臣日少一日者，儒教治标之功，不可诬也。

此其结果之良者也。若其不良者则亦有焉。

三曰民权狭而政本不立也。儒教之政治思想，有自相矛盾者一事，则君、民权限不分明是也。大抵先秦政论，有反对极端之两派，曰法家，曰道家，而儒实执其中。法家主干涉，道家主放任。惟干涉也，故君与民为强制之关系；惟放任也，故君与民为合意之关系。即近于契约之关系。惟强制关系也，故重等差；惟合意关系也，故贵平等。惟等差也，故压制暴威；惟平等也，故自由自治。此两者虽皆非政治之正轨，要之首尾相应，成一家言者也。儒家则不然。其施政手段，则干涉也；保民、牧民皆干涉政策之极轨也。其君臣名分，则强制也；所谓君臣之义，无所逃于天地之间。其社会秩序，则等差也；《中庸》"亲亲之杀，尊贤之等，礼所生也"。惟其政治之目的，则以压制暴威为大戒。夫以压制暴威为大戒，岂非仁人君子之极则耶？而无如不揣其本而齐其末，道固未有能致者也。儒教之所最缺点者，在专为君说法，而不为民说法。其为君说法奈何？若曰：汝宜行仁政也，汝宜恤民隐也，汝宜顺民之所好恶也，汝宜采民之舆论以施庶政也。是固然也。若有君于此，而不行仁政，不恤民隐，不顺民之所好恶，不采民之舆论，则当由何道以使之不得不如是乎？此儒教所未明答之问题也。夫有权之人之好滥用其权也，犹虎狼之嗜人肉也。向虎狼谆谆说法，而劝其勿食人，此必不可得之数也。谓余不信，则试观二千年来，孔教极盛于中国，而历代君主，能服从孔子之明训，以行仁政而事民事者，几何人也？然则其道当若何？曰：不可不钳制之以民权。当其暴威之未行也，则有权以监督之；当其暴威之方行也，则有权以屏除之；当其暴威之既革也，且有权以永绝之。如是然后当权者有所惮、有所缚，而仁政之实乃得行。儒教不然，以犯上作乱为大戒，犹可言也；浸假而要君亦为大不敬矣，犹可言也；浸假而庶人议政，亦为无道矣。儒教亦多非常异义，如汤武革命、顺天应人之象，视民草芥、视君寇仇之义，闻诛一夫未闻弑君之言，皆所以限制暴威之不二法门也。虽然，争权而必出于革命惨矣伤矣，且革命之后，复无所以限其君权者，前虎退而后狼进，是革之无已时，而国将何以立？故徒杀一虎杀一狼，不可也，必求所以绝虎狼之迹者，即不能，亦必使虎狼不能食人。由前之说，则共和政体是也；由后之说，则立宪君主政体是也。欲成郅治，舍此何以哉！而惜乎儒者之有所顾忌而不敢昌言。此所以虽有仁心，而二千年不能蒙其泽也。是何异语人曰：吾已诫虎狼勿噬汝，汝但恭顺俯伏于其侧，虽犯汝而不可校也。虽曰小康时代，民智民力未充实，或有不能遽语于此者乎？虽然，其立言之偏，流弊之长，则虽加刀于我颈，我固不得为古人讳也。故儒家小康之言，其优于法家者仅一间耳。法家以为君也者有权利无义务，民也者有义务无权利。儒家专指小康。以为君也者有权利有义务，民也者有义务无权利。其言君之有义务也，是其所以为优也。虽然，义务必期于实行，不然，则与无义务等耳。夫其所以能实行者何也？必赖对待者之权利以监督之。今民之权利，既怵于学说而不敢自有，则君之义务，其何附焉？此中国数千年政体，所以儒其名而法其实也。吾非崇道家言。道家思想之乖谬而不完全更甚也。故夫东京末叶，鸿都学生、郡国党锢诸君子，膏斧钺、实牢槛而不悔，往车虽折，而来轸益遒。以若此之民德，若此之士气，苟其加以权利思想，知要君之必非罪恶，而争政之实为本权，则中国议会之治，虽兴于彼时可也。徒以一间未达，仅以补衮阙为责任，以清君侧为旗帜，曾不能乘此实力，为百世开治平，以视希腊、罗马之先民，其又安能无愧也？呜呼！吾不敢议孔子，吾不能不罪荀卿焉矣。

四曰一尊定而进化沉滞也。进化与竞争相倚，此义近人多能言之矣。盖宇宙之事理，至繁赜也。必使各因其才，尽其优胜劣败之作用，然后能相引以俱上。若有一焉，独占势力，不循天则以强压其他者，则天演之神能息矣。故以政治论，使一政党独握国权，而他政党不许容喙，苟容喙者，加以戮逐，则国政未有能进者也。若是者谓之政治之专制，学说亦然。使一学说独握人人良心之权，而他学说不为社会所容，若是者谓之学说之专制。苟专制矣，无论其学说之不良也，即极良焉，而亦阻学问进步之路。此征诸古今万国之历史而皆然者也。儒教之在中国也，佛教之在印度及亚洲诸国也，耶教之在泰西也，皆曾受其病者也。但泰西则自四百年来，异论蜂起，举前此之缚轭而廓清之，于是乎有哲学与宗教之战，有科学与宗教之战。至于今日，而护耶教者自尊之如帝天，非耶教者自攻之如粪土。要之欧洲今日学术之昌明，为护耶教者之功耶？为攻耶教者之功耶？平心论之，两者皆与有力焉。而赫胥黎、斯宾塞之徒，尤倜乎远矣。而泰东诸国，则至今犹生息于一尊之下，此一切群治，所以瞠乎后也。吾之为此言，读者勿以为吾欲攻孔子以为耶氏先驱也。耶氏专制之毒，视中国殆十倍焉。吾孔子非自欲以其教专制天下也，末流失真，大势趋于如是，孔子不任咎也。若耶则诚以专制排外为独一法门矣。故罗马教会最全盛之时，正泰西历史最黑暗之日。吾岂其于今日，乃欲摭他人吐弃之唾余而引而亲之？但实有见夫吾中国学术思想之衰，实自儒学统一时代始。按之实迹而已然，证之公例而亦合，吾又安敢自枉其说也？吾更为读者赘一言，吾之此论，非攻儒教也，攻一尊也。一尊者，专制之别名也。苟为专制，无论出于谁氏，吾必尽吾力所及以拽倒之，吾自认吾之义务当然耳。若夫孔子，则固云万物并育而不相害，道并行而不相悖，孔子之恶一尊也亦甚矣。此乃孔子之所以为大、所以为圣，而吾所顶礼赞叹而不能措者也。

或曰儒教太高尚而不能逮下，亦其结果不良之一端焉。盖当人智未盛之时，祸福迷信之念，在所不免。顾儒教全不及此，使骏愚妇孺，无所依仰，夫以是而不得不出于他途。坐是之故，道家入之，释家入之，驯至袁了凡派所谓太上老君、文昌帝君者纷纷入之，未始非乘儒教之虚隙而进也。虽然，以祸福迷信之说牖民，虽非无利，而利或不胜其敝。吾中国国教之无此物，君子盖以此自喜焉。

第五章　老学时代

　　三国、六朝，为道家言猖披时代，实中国数千年学术思想最衰落之时代也。申而论之，则三国、六朝者，怀疑主义之时代也，厌世主义之时代也，破坏主义之时代也，隐诡主义之时代也，而亦儒佛两宗过渡之时代也。

　　东汉儒教之盛如彼，乃不数十年间，至魏晋而其衰落忽如此，何也？吾推原其故，盖有五端。

　　一由训诂学之反动力也。汉季学者，守师说，争门户，所谓"碎义逃难，便辞巧说"，"说五字之文，至于二三万言"，"幼童而守一艺，白首而后能言"。见《汉书·艺文志》。学问之汩没性灵，至是已极。物极必反，矫枉过直。故降及魏晋，人心厌倦，有提倡虚无者起，则群率而趋之，举一切思想，投入怀疑破坏之涡中，殆物理恒情，无足怪者。此其一。

　　一由魏氏之提倡恶俗也。晋泰始元年，傅玄上疏曰："近者魏武好法术，而天下贵刑名；魏文慕通达，而天下贱守节。"孟德既有冀州，崇奖跅弛之士，下令再三，至于求"负污辱之名，见笑之行，不仁不孝，而有治国用兵之术者"。建安二十二年八月令、十五年春令、十九年十二月令，语意皆同。于是风俗大坏，人心一变。顾亭林所谓"经术之治，节义之防，光武、明、章数世为之而未足；毁方败常之俗，孟德一人变之而有余"，诚哉其知言也！儒术之亡，半坐是故。此其二。

一由杀戮过甚人心皇惑也。汉世外戚、宦官之祸，连踵继轨。两汉后妃之家，著闻者四十余氏，大者夷灭，小者放窜，其身家俱全者，不得四五；宦官弄权，杀人如草，一朝为董、袁所袭，亦无孑遗。人人渐觉骨肉之间，皆有刀俎。若乃党锢之祸，俊、顾、厨、及，一网以尽，其学节冠一世，位望至三公者，亦皆骈首阙下，若屠猪羊。天下之人，见权势之不可恃也如彼，道德学问之更不可恃也如此，人心彷徨，罔知所适，故一遁而入于虚无荒诞之域，刍狗万物，良非偶然。此其三。

一由天下大乱民苦有生也。汉末自张角、董卓、李傕、郭汜、曹操、袁绍、孙坚、刘备以来，四海鼎沸，原野厌肉，溪谷盈血；继以晋代八王、五胡之乱，中原渫血，一岁数见。学者既无所用，亦困于乱离，无复有余裕以研究纯正切实之学，但觉我生靡乐，天地不仁，厌世之观，自然发生。此其四。

以此四因，加以两汉帝王儒者，崇尚谶纬，迷信休咎，所谓阴阳五行之谬说，久入人心。而权势、道德，既两无可凭，民志皇皇，以为殆有司命之者存，吾祈焉、禳焉、炼养焉、服食焉，或庶可免，于是相率而归之。此其五。

此五者，殆当时学术堕落之最大原因也。故三国、六朝间，老子之教遍天下。但其中亦有派别焉。

一曰玄理派。自魏文提倡旷达，举世化之。前此建安七子，既已以浮靡相尚，后遂为清谈之俗者二三百年。开其宗者，实为何晏、王弼。《晋书·王衍传》，称"晏、弼祖述老庄，谓天地万物，皆以无为本。无也者，开物成务，无往而不存者也"。

盖其持之有故，言之成理，亦有应于时势，而可以披靡天下者焉。此后如阮籍、嵇康、刘伶、王衍、王戎、乐广、卫玠、阮瞻、郭象、向秀之流，皆以谈玄有大名于时，乃至父兄之劝诫，师友之讲求，莫不以推究老庄为第一事业。《潘京传》云，京与乐广谈，广深叹之，谓曰："君天才过人，若加以学，必为一代谈宗。"京遂勤学不倦。又《王僧虔传》，引其戒子书云："汝未知辅嗣何所道，平叔何所说，而便执麈尾，自称谈士，此最险事。"云云。当时六经之中，除《易》理外，尽皆阁束；而诸传中称扬人学问者，皆以"研精《老》《易》"等语。《老》《易》并称，实当时之普通名词也。范甯谓王弼、何晏二人之罪，深于桀纣；卞壸斥王澄、谢鲲，谓悖礼伤教，中朝倾覆，实由于此，非过言也。平心论之，若著政治史，则王、何等伤风败俗之罪，固无可假借；若著学术思想史，则如王弼之于《老》《易》，郭象、向秀之于《庄》，张湛之于《列》，皆有其所心得之处，成一家言，以视东京末叶咬文嚼字之腐儒，殆或过之焉。老学虽偏激，亦南派一巨子，世界哲学应有之一义，吾虽恶之而不愿为溢恶之言也。但其魔业之影响于群治者，既若彼焉矣。无他，老子既以破坏一切为宗旨，而复以阴险之心术、诡黠之权谋佐之，故老学之毒天下，不在其厌世主义，而在其私利主义。魏晋崇老，其必至率天下而禽兽，势使然也。此为当时老学正派。

二曰丹鼎派。马贵与曰"道家之术，杂而多端"，"盖清净一说也，炼养一说也，服食又一说也，……经典科教又一说也"，"俱欲冒以老氏为之宗主，以行其教"。《文献通考·经籍考五十二》。此实数千年道教流派之大略也。炼养、服食两派，其指归略同，吾櫽栝之，名曰丹鼎派。此派盖导源于秦汉之交。始皇时，侯生、卢生等既倡神仙之说。汉初张良，功成身退，自言从赤松子游。其是否依托，姑弗深考，但留侯必有此等思想，可断言也。汉武迷信封禅，李少君、栾大之徒，相与炫惑，于是炼养、服食之说益盛。至汉末魏伯阳著《参同契》，密勿传授，其焰益播。后蜀彭晓序《参同契》云，谓伯阳先示青州徐从事，徐乃隐名而注之，复以授同郡淳于叔通，遂行于世。至晋葛洪而集其大成。洪著《抱朴子》内、外编各四卷，《神仙传》十卷，《隐逸传》十卷，其他杂著一百余卷。其言曰："道者儒之本也，儒者道之末也。"更有所谓《丹经》者，发明服食之诀，其言诡诞，不可穷诘。而后世神仙家之思想，实宗此。此派之说，其在前者，文成、五利之徒，实依托以诳人主而取富贵，固不足道；至如魏、葛辈，所志或不在是，盖怀抱厌世思想，而又不悟解脱真理，知有躯壳，不知有灵魂，徒欲长生久视，游戏尘寰，是野蛮时代宗教思想必有之现象，无足怪者。印度婆罗门外道，每欲速灭其躯壳，以享涅槃之乐；中国神仙家言，每欲长保其躯壳，以享飞升之乐。虽其见地之深浅不同，要之为躯壳所迷缚一也。古埃及人，用木乃伊术，保全尸体，是由重视躯壳所致也。耶教号称重魂，而其言末日审判，死者皆从冢中复生，其为躯壳所迷亦至矣。宗教进化之第一级，莫不如是，神仙家言，又何责焉。此为当时老学第一别派。

三曰符箓派。符箓之视丹鼎，风益下矣。丹鼎派起于汉初，符箓派起于汉末。顺、桓间，宫崇、襄楷，始以于吉神书上于朝。后张角用其术以乱天下。《后汉书·襄楷传》云，楷上书言："臣前上琅邪宫崇所受于吉神书，不合明听。"又云："初……琅邪宫崇诣阙，上其师于吉于曲阳泉水上所得神书百七十卷，……号《太平清领书》。其言阴阳五行为家，而多巫觋杂语。有司奏崇所上妖妄不经，乃收藏之。后张角颇有其书焉。"云云。是张角之术所自本也。按，于吉神书，即道家所谓《太平经》者，宋中兴史志始著录，马端临《经籍考》亦存其目。

于吉后为孙策所杀。顺帝时距孙策据江东，已七十余年矣。**同时张道陵亦托此术，密相传授，延至后世，仰为真人，奉为天师。**按，《三国志》裴注云，张陵，汉顺帝时人。入蜀居鹤鸣山中造符书，为人治病。陵子衡，衡子鲁，以其法相授，自号师君，其众曰鬼卒，曰祭酒，曰理头。朝廷不能讨，就拜鲁为汉宁太守。此张陵始末，见于传记者也。后寇谦之自言尝遇老子，命继道陵为天师，于是六朝以来，天师之号起。《通考》载唐天宝六载，以后汉天师子孙嗣真教，册赠天师为太师。宋真宗祥符八年，赐信州道士张正随号真静先生，自是凡嗣世者皆赐号。元至元十三年，赐张宗演灵应冲和真人之号，给三品银印。其后屡有加号，晋秩至一品，明太祖时改为二品。沿袭以至于今，几与孔氏之衍圣公、耶氏之教皇等矣，岂不异哉！自是南北朝士大夫，习五斗米道即张陵教派之名。者，史不绝书，而寇谦之最显于北，《魏书·释老志》云，寇谦之自言遇仙人成公兴授以大法，又遇太上老君，命之继天师张陵之后，处师位，赐以《云中音诵新科之诫》二十卷云云。太上老君及天师等名称，实始于此。其后崔浩师事之，受其法术，言之于元魏世祖，乃遣使奉玉帛牲牢迎致焉。于是崇奉天师，显扬新法，宣布天下，道业大行。每帝即位必受符箓，以为故事。云云。陶弘景最显于南。《梁书》言陶弘景好阴阳五行风角星算，修辟谷导引之法，受道经符箓。武帝素与之游，及禅代之际，弘景取图谶之文献之，恩谊益厚。及即位，犹自上章。朝士受道者众，三吴及边海之际，信之逾甚。陈武世居吴兴，故亦奉焉。盖六艺、九流，一切扫地，而此派独滔滔披靡天下矣。窃尝论之，其时佛教已入震旦，妖妄者流，窃其象教密宗最粗浅之说，以欺惑愚众。故其所言天地沦坏、劫数终尽，略与佛经同；又言天尊之体，常存不灭，往往开劫度人，彼中言天尊开劫已非一度，有延康、赤明、龙汉、开皇等年号，其间相去四十一亿万载云云，皆窃佛氏过去七佛之说，成、住、坏、空四劫之论也。皆损益四《阿含》《俱舍论》等所说，剽窃之迹，显然可见；而复取两汉儒者阴阳五行之迷信以缘附之。故吾谓此时为儒、佛过渡时代，此派实其最著者也。此为当时老学第二别派。

四曰占验派。自西京儒者翼奉、眭孟、刘向、匡衡、龚胜之徒，既已盛说五行，夸言谶纬，及光武好之，其流愈炽。东京儒者，张衡、郎𫖮，最称名家，襄楷、蔡邕、杨厚等，亦班班焉。于是所谓风角、遁甲、七政、元气、六日七分、逢占、日者、挺专、须臾、孤虚、云气诸术，诸术名义解，俱见《后汉书·方术列传》注，恕不具引。盛行于时。《后汉书·方术列传》，所载者三十三人，皆此类也。然其术至三国而大显，始俨然有势力于社会。若费长房、于吉、管辂、左慈辈，其尤著者也。其后郭璞著《葬书》，此书《四库》著录，或言依托璞名。注《青囊》，此书今佚。为后世堪舆家之祖，而嵇康亦有《难宅无吉凶论》，则其时风水说之盛行可知。《隋志》著录《珞琭子》一书，六朝人撰。言禄命者以为本经，而临孝恭有《禄命书》，陶弘景有《三命抄略》，实后世算命家之祖。卫元嵩著《元包》，庾季才著《灵台秘苑》，皆北周人。为后世言卜筮者之大成。陶弘景著《相经》，为后世言相法者之祖。凡千年以来，诬罔怪诞之说，汩溺人心者，皆以彼时确然成一科学。虽谓为魏、晋、六朝间，为陷溺社会之罪恶府可也。此为当时老学第三别派。

要而论之，当时实道家言独占之时代也，其文学亦彪炳可观，而发挥厌世精神亦最盛。所谓"对酒当歌，人生几何？譬如朝露，去日苦多"等语，其代表也。此皆老子"刍狗万物"、杨朱"奚遑死后"之意也。虽我国二千年文学，大率皆此等音响，而魏、晋、六朝，为尤甚焉。曾无雄奇进取之气，惟余靡靡颓惰之音，老、杨之毒焰使然也。

其时治经学者，虽有若王肃、杜预、虞翻、刘焯、刘炫、徐遵明之流，然曾不能于东京学风外，有所建树，徒咬文嚼字，破碎逾甚。《北史·儒林传》，谓"南人约简，得其英华；北学深芜，穷其枝叶"。两派之概象虽不同，要其于数千年儒学史，无甚关系一也。虽谓其时为儒学最销沉之时代可也。

佛学虽自汉明以后已入中国，苻秦崇法，广事翻译，宗风渐衍，然谓之为佛学萌芽时代则可，竟谓之为佛学时代则不可。盖当时之治佛学者徒诵读经文，皈依仪式，而于诸乘理法曾无所心得也。

老学之毒，虽不止魏、晋、六朝，即自唐以后至今日，其风犹未息。虽然，远不如彼时之盛矣，其派别之多，亦远有所逊。故划分数千年学术思想史，而名彼时为老学时代，殆无以易也。

第六章　佛学时代

第一节　发端

　　吾昔尝论六朝、隋、唐之间，为中国学术思想最衰时代。虽然，此不过就儒家一方面言之耳。当时儒家者流，除文学外，儒学与文学适成反比例。著《中国儒学史》，当以六朝、唐为最衰时代；著《中国文学史》，当以六朝、唐为全盛时代。一无所事。其最铮铮于学界者，如王通、陆德明、孔颖达、韩愈之流，其于学术史中，虽谓无一毫之价值焉可也。虽然，学固不可以儒教为限。当时于儒家之外，有放万丈光焰于历史上者焉，则佛教是已。六朝、三唐数百年中，志高行洁、学渊识拔之士，悉相率而入于佛教之范围。此有所盈，则彼有所绌，物莫两大，儒教之衰亦宜。

　　或曰佛学外学也，非吾国固有之学也，以入诸中国学术思想史，毋乃不可？答之曰：不然。凡学术苟能发挥之、光大之、实行之者，则此学即为其人之所自有。如吾游学于他乡，而于所学者，既能贯通，既能领受，亲切有味，食而俱化，而谓此学仍彼之学而非我之学焉，不得也。一人如是，一国亦然。如必以本国固有之学而始为学也，则如北欧诸国，未尝有固有之文明，惟取诸希腊罗马、取诸犹太者，则彼之学术史，其终不可成立矣。又如日本，未尝有固有之文明，惟取诸我国、取诸欧西者，则彼之学术史，其更不可成立矣。故论学术者，惟当以其学之可以代表当时一国之思想者为断，而不必以其学之是否本出于我为断。

审如是也，则虽谓隋唐之交，为先秦以后学术思想最盛时代可也。前乎此者，两汉之经学，非所及也，而余更无论也；后乎此者，宋、明之理学，非所及也，而余更无论也。又不惟在中国为然耳，以其并时举世界之学术思想界校之，印度自大乘教诸巨子入灭后，继法无人，其继法者悉在中国。日以萎微；欧洲则中世史号称黑暗时代，自罗马灭亡以后，全欧为北狄所蹂躏，几陷于无历史之域，当时所赖以延文明绝续于一线者，惟恃一顽旧专制之天主教而已。印度、欧洲如此，而余更无论也，故谓隋唐之学术思想，为并时举世界独一无二之光荣可也。纵说之则如彼，横说之则如此，故隋唐学者，其在本论中占一重要之位置也不亦宜乎！

第二节　佛学渐次发达之历史

中国之受外学也，与日本异。日本小国也，且无其所固有之学，故有自他界入之者，则其趋如鹜，其变如响，不转瞬而全国与之俱化矣。虽然，充其量不过能似人而已，实亦不能真似。终不能于所受者之外，而自有所增益，自有所创造。中国不然。中国大国也，而有数千年相传固有之学，壁垒严整，故他界之思想，入之不易，虽入矣，而阅数十年百年，常不足以动其毫发。譬犹泼墨于水，其水而为径尺之盂、方丈之池也，则黑痕倏忽而遍矣；其在滔滔之江、泱泱之海，则宁易得而染之？虽然，吾中国不受外学则已，苟既受之，则必能尽吸其所长以自营养，而且变其质、神其用，别造成一种我国之新文明，青青于蓝，冰寒于水。於戏！深山大泽，实生蛟龙，龙伯大人之脚趾，遂终非僬侥国小丈夫之项背所能望也。谓余不信，请征诸佛学。

佛法之入震旦也，据别史所言，或谓秦时与室利防等交通，西汉时从匈奴得金人，实为我国知有佛之嚆矢。真伪第弗深考，其见于正史信而有据者，则东汉明帝永平十年西印度之摄摩腾、竺法兰两师，应诏赍经典而至，于是佛之教义始东被。虽然，我民族宗教迷信之念甚薄，莫之受也，至桓帝始自信之，兴平间，民间亦渐有信者。三国时代，支谶、支亮、支谦皆自印度来传教，时号"三支"。魏嘉平二年，昙摩诃罗始以戒律来，象教渐备。虽然，当时道家言极盛，全国为所掩袭，莫能夺也。而亦有渐认佛教势力之不可侮，起而与之为难者。魏明帝时有费叔才、褚善信二道士，著《道佛优劣论》，有牟子作《理惑论》，而吴主孙皓亦有废佛教之议。必其既兴，始有辨之、有废之者矣。及晋代魏，始渐成为一科学之面目。时则有佛图澄者，来自西域，专事译经。东晋以还，伟人辈出，若道安，若慧远，若竺道潜，若法显，其尤著也。道安与习凿齿等游，专阐扬佛教于士大夫之间。慧远开庐山，日夜说法，佛教讲坛，实始于此，为净土宗之滥觞焉。法显横雪山以入天竺，赍佛典多种以归，著《佛国记》，我国人之至印度者，此为第一。法显三藏者，不徒佛教界之功臣而已，抑亦我国之立温斯敦也。立温斯敦，英人之探险于非洲者。而同时北方一大师起，为佛教史中开一新纪元，曰鸠摩罗什。罗什，龟兹国人，既精法理，且娴汉语。以姚秦弘始三年始入长安，日夜从事翻译，一切经论，成于其手者，不知凡几。门徒三千，达者七十，上足四人，道生、道融、僧肇、僧叡，其最显者也。罗什之功德不一，而其最大者，为传大乘教。前此诸僧，用力虽劬，然所讨论，仅在小乘耳。至罗什首传三论宗宗义，译《法华经》，又译《成实论》，实为成实宗入中国之始。自兹以往，佛驮跋陀罗译《华严》，昙无谶译《涅槃》，而甚深微妙之义，始逐渐输入，学界壁垒一新矣。

南北朝之际，海宇鼎沸，群雄四起，而佛教之进路亦多歧。宋少帝时译《五分律》，文帝时译《观普贤经》《观无量寿经》《璎珞经》等，又迎求那跋摩于罽宾，筑戒坛以听法，中国之有戒坛自兹始。历陈涉隋，以逮初唐，诸宗并起，菩提流支始倡地论宗，达摩始倡禅宗，真谛三藏始倡摄论宗及俱舍宗，智者大师始倡天台法华宗，南山律师始倡律宗，善导大师始倡净土宗，慈恩三藏始倡法相宗，贤首国师始倡华严宗，善无畏三藏始倡真言宗。万马齐奔，百流汹汇，至是遂为佛学全盛时代。

第三节　诸宗略纪

今请将六朝、隋、唐间有力之诸宗派，列为一表，示其系统：

宗名	开祖	印度远祖	初起时	中盛时	后衰时
成实宗	鸠摩罗什	诃梨跋摩	晋安帝时	六朝间	中唐以后
三论宗	嘉祥大师	龙树、提婆	同上	同上	同上
涅槃宗	昙无谶	世亲	同上	宋、齐	陈以后归入天台
律宗	南山律师	昙无德	梁武帝时	唐太宗时	元以后

续表

宗名	开祖	印度远祖	初起时	中盛时	后衰时
地论宗	光统律师	世亲	同上	梁、陈间	唐以后归华严
净土宗	善导大师	马鸣、龙树、世亲	同上	唐、宋、明时	明末以后
禅宗	达摩大师	马鸣、龙树、提婆、世亲	同上	同上	同上
俱舍宗	真谛三藏	世亲	陈文帝时	中唐	晚唐以后
摄论宗	同上	无著、世亲	同上	陈、隋间	唐以后归法相
天台宗	智者大师	……	陈、隋间	隋、唐间	晚唐以后
华严宗	杜顺大师	马鸣、坚慧、龙树	陈	唐则天后	同上
法相宗	慈恩大师	无著、世亲	唐太唐时	中唐	同上
真言宗	不空三藏	龙树、龙智	唐玄宗时	同上	同上

以上十三宗，除涅槃、地论、摄论三家，归并他宗外，自余十宗，皆经过极光大之时代，互起角立，支配数百年间之思想界者也。今按其所属教乘，再示一表：

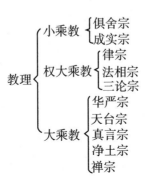

诸宗之教旨，若缕述之，虽数十万言，犹不能殚，且亦非余之浅学所能及也，是以不论。论其历史：本论原以中国为主，不能他及。但各宗起原，多与印度有关系，故不得不追论及之。

一、俱舍宗。佛灭后九百年，世亲菩萨，依四《阿含经》《增一阿含经》五十一卷，《中阿含经》六十卷，《长阿含经》二十二卷，《杂阿含经》五十卷，皆小乘经也。造《俱舍论》，三十卷。实为本宗之嚆矢。时印度自佛家乃至外道，莫不竞学，大显势力于西域。及陈文帝天嘉四年，印度高僧波罗末那即真谛三藏。携梵本以诣震旦，以五年之功译成之，名曰《阿毗达磨俱舍释论》，即所谓"旧俱舍"者是也。陈智恺、唐慧净皆为作疏。及唐贞观间，玄奘法师亲赴天竺，从僧伽耶舍论师学俱舍之奥义，归国后重译原本，厘为三十卷。其弟子神泰、普光、法宝尊，竞为疏记，遂以流通。但此宗本为法相之初步，故亦名法相宗之附属宗云。

二、成实宗。本宗之祖师，即《成实论》之诃梨跋摩其人也。生于佛灭后九百年，尝从"有宗"本师受迦旃延之论，时印度佛派，有"有宗""空宗"两大派。觉有所未慊，乃通览大小乘，自创此论。然其宗义不盛于印度。至姚秦弘始十三年，鸠摩罗什始译之以行于支那。其弟子昙影为之笔述，僧叡为之注释，于是此义遂光。自晋末至唐初二百年间，浸淫一世。齐梁之间，江南尤盛云。但此论本与"三论"并译，其传法者率皆两习，故亦名三论宗之附属宗云。

三、律宗。自佛入灭后，迦叶尊者与五百罗汉结集大藏，分为经、律、论之三藏。律之在教中，蔚为大国矣。其入中国也，始于曹魏嘉平二年，昙摩诃罗始传所谓"十八受"者。刘宋元嘉十一年，始行"尼受"。谓比丘尼所受戒律。迨姚秦弘始六年，鸠摩罗什始译《十诵律》。其后《僧祇律》等，相继出世，律教渐入震旦矣。其卓然完成一宗者，则自南山律师道宣始。南山生隋开皇间，受戒于智首律师之门，后隐于终南，研精戒律。及奘师西游归国，开译坛于长安，南山亲为其书记，译律数百卷，证明戒律为圆顿一乘之旨，非小乘所得专有。其有功于佛教，实非浅鲜。其时与之并起者，复有两派，一曰相部宗，法砺律师所创，二曰东塔宗，怀素律师所创，并南山宗统称律家三宗云。然彼两宗不光大，独南山律，至元代犹保持宗势不衰。

四、法相宗。法相、天台、华严三宗，亦称教下三家，皆大乘妙谛，而当时佛学中最光大者也。此宗一名唯识宗，以大意明唯识故；又名慈恩宗，以开祖为慈恩故。本宗印度传法，最为分明。佛说大乘经中，《华严》《深密》《楞伽经》等，阐扬万法唯识之义，实为斯学所本。佛灭后九百年，弥勒慈尊应无著菩萨之请，说五部大论，所谓《瑜伽师地论》《分别瑜伽论》《大庄严论》《辨中边论》《金刚般若论》是也。无著承弥勒之旨，复造《显扬论》《对法论》等，同时有世亲菩萨，无著之弟。造《五蕴论》《百法明门论》《唯识三十颂》等，大弘斯旨。复次佛灭后十一世纪，有难陀、护法尊十大论师，皆注世亲《三十颂》，各有心得。而护法之弟子戒贤论师，所谓传法大将，冠绝一时，深究瑜伽、唯识、声明、因明等之蕴奥，在五印度中，号称辩才第一，传钵奘师，以惠震旦。自兹以往，西域此学微矣。唐贞观三年，玄奘三藏求法西行，坊间小说《西游记》，即演奘师事迹也。子身遍历五印，得礼戒贤，尽受五大论、即弥勒所造。十支论，即无著以下所造。博通因明、声明诸学。印度当时有所谓五明者，佛徒、外道并学之。其因明即名学，日本所谓论理学也。归国以后，弘扬斯旨，实为法相宗入中国之嚆矢。玄奘高足窥基，号慈恩法师，悉受

微言，妙达玄旨，于是述疏证义，确立宗规。本宗大成，实由
于是。再传为淄州慧沼，著《唯识了义灯》，三传为朴杨智周，
著《唯识演秘》。经此数师，宗义遂日以光大。

五、三论宗。三论者，（一）《中论》，（二）《十二门论》，
（三）《百论》也。前二为龙树菩萨造，后一为提婆菩萨造，故
本宗祖龙树、提婆。或加《大智度论》，亦名四论宗。鸠摩罗什实
提婆三传弟子也，传法东来，专弘此宗，四论翻译，皆出其手。
什师门下，生道生、肇僧肇、融道融、叡僧叡、影昙影、观慧观、
恒道恒、济昙济之八杰，皆受大义。昙济授道朗，道朗授僧诠，
僧诠授法朗，法朗授嘉祥，至嘉祥大师名吉藏。而此宗全盛。
其后玄奘复从印度清辨、智光两大师，更受微言。复有地婆伽
罗者东来，口授宗义于慈恩。慈恩远承什译，近禀奘传，旁参
伽说，著《十二门宗致义记》，而此宗遂以大成。

六、华严宗。我佛世尊，从菩提树下起，即为深位菩萨文
殊、普贤尊说《华严》三十八品十万偈，实佛乘中甚深微妙，
一乘最极之法门也。当时声闻、缘觉，根器未熟者，听之如聋
如哑。佛灭五百年，马鸣菩萨作《大乘起信论》，演真如缘起
法门，即本此经。次七百年，龙树菩萨出现，造《大不思议论》
以解释之。次九百年，天亲菩萨造《华严十地论》。此三师者，
称本宗印度之列祖。其在支那，东晋义熙十四年，跋陀罗始译《华
严》六十卷。其后诸师，讲说流布、制疏撰章者虽不鲜，然未
能确然成一宗派。陈、隋间，杜顺禅师始提义纲，标立宗名，
著《华严法界观门》《五教止观》《十玄章》等，大畅妙旨，是
为开宗初祖。二祖智俨，作《搜玄记》《孔目章》等。三祖法
藏，称贤首国师，作《五教章》，以明本宗之教相，作《探玄记》
二十卷，以解华严，其余著述，尚二十余部。圆宗宗风，至此

大成，故贤首亦称华严太祖。贤首没后，有慧苑者，私逞臆见，刊落师说，宗统将坠。四祖澄观慨之，作《华严大疏钞》，破斥异辙，恢复正宗，诸祖心传，赖以不坠，所谓清凉国师是也。五祖宗密，称圭峰禅师，绍述清凉，盛弘华严，兼通诸宗，斯道益以光大。此五杰者所谓华严五祖也。

七、天台宗。亦名法华宗，以依《法华经》立宗故。此宗不上承印度，创始之者实由我支那，则智者大师其人也。师名智颛，陈、隋间人，以居天台山，故此宗得名。时有南岳慧思禅师，德高一世，自证三昧。智者往谒之，则曰："昔日灵山，同听《法华》，宿缘所追，今复来矣。"乃使修《法华》三昧。越十四日，智者大彻大悟，遂直接佛传，创立此派。荆溪尊者智者第六代法孙也。《止观义例》云："一家教门，……所用义旨，以《法华》为宗骨，以《智论》按，指《大智度论》也。为指南，以《大经》按，指《涅槃经》也。为扶疏，以《大品》按，指《大品般若经》也。为观法。引诸经以增信，引诸论以助成。观心为经，诸法为纬，织成部帙，不与他同。"云云。本宗创立之真相，实括于是。次有章安大师，承天台后，广传宗风。天台惟散说，章安始结集，以成一宗典籍，以作一家纲目。次有智威、慧威、玄朗、妙乐，并称龙象。中唐以后，荆溪尊者湛然最显焉。

八、真言宗。佛教有显、密二教之别，此宗所谓密教也。密教者何？不恃言语以立教者也。据佛家言，佛有三身：（一）释迦佛，（二）大日如来佛，（三）弥陀佛，实一佛之德所流出之三体也。按，略如耶教三位一体之说。大日者，释迦之法身；释迦者，大日之化身也。故后世学者综别诸宗，亦分为释迦教、大日教、弥陀教三类。今所举十宗，惟真言宗属大日教，净土宗属弥陀教，今妇孺通念"南无阿弥陀佛"，即宗弥陀教也。余八宗

皆属释迦教。相传金刚萨埵亲受法门于大日如来，如来灭后
七百年，萨埵以授龙猛菩萨，龙猛授龙智，龙智授善无畏。善
无畏始来唐，翻《大日经》，以授金刚智。金刚智实支那传法
初祖也。其后不空和尚东来，承金刚智之后，复从事翻译，为
玄宗、肃宗、代宗三代国师。真言宗之确立，实自不空始。虽
然，此宗不盛于我国。后经空海即创造日本字母之人。传诸日本，
日本今特盛焉。西藏、蒙古，暹罗亦行之。

　　九、净土宗。此宗所依者，三经《无量寿经》《观无量寿经》
《阿弥陀经》。一论，《往生净土论》，天亲菩萨造。以念佛借他力而
求解脱，所谓弥陀教也。印度先师，推天亲菩萨。天亲入灭后
五百年，菩提流支始传净土法门于震旦。先是后汉时安息国沙
门安清始译《无量寿经》二卷，及晋慧远法师，结白莲社于庐
山，念佛修行，已为此宗之嚆矢，然法门未备。菩提流支之入
中国，实北魏永平元年也。流支以授昙鸾，鸾著《往生净土论注》，
大弘斯旨。其后隋大业间有道绰，唐贞观间有善导，皆铮铮大
师也。禅宗、天台、法相、华严等诸宗，虽极盛于当时，然其
教理甚深微妙，非钝根浅学人所能领解，故信奉者仅在士大夫。
独净土宗，以他力教义，感化愚夫愚妇，凡难解之教理，概置
不论，故其势力广被，披靡全国。善导禅师在世之时，屠肆殆
无过问者云，其力量可见一斑矣。今世俗所谓佛教者，大率犹
汲此宗之末流也。

　　十、禅宗。法相、天台、华严，称教下三家，禅宗称教外
别传。此四宗者，皆大乘上法，各有独到，而中国佛学界之人才，
亦悉在于是矣。禅宗以不著语言、不立文字、直指本心、见性
成佛为教义，一变佛教之窠臼。后此宋、明间儒佛混合，皆自
此始。此宗历史，相传灵山会上，释尊拈花，迦叶微笑，正法

眼藏，于兹授受。其后迦叶尊者，以衣钵授阿难，中间经历马鸣、龙树、天亲等二十七代，密密相传，不著一字，直至达摩禅师。自迦叶迄达摩，是为印度二十八祖。达摩承二十七祖之命，东渡震旦，当梁武帝普通七年，始至广东。后入嵩山，面壁十年，始得传法之人，传已遂入灭。故达摩亦称震旦禅宗初祖。二祖慧可，三祖僧璨，四祖道信，皆依印度祖师之例，不说法，不著书，惟求得传钵之人，即自圆寂。至五祖弘忍，号黄梅大师，始开山授徒，门下千五百人，玉泉神秀为首座，竟不能传法。而六祖大鉴慧能，以不识一字之𦈗春人，受衣钵焉。后神秀复师六祖，悟大法，于是禅宗有南北二派，南慧能，北神秀也。六祖以后，钵止不传，而教外密传，遂极光大。尔后遂衍为云门、法眼、曹洞、沩仰、临济之五宗。宋、明以来，益滔滔披靡天下。今列禅门五宗表如下：

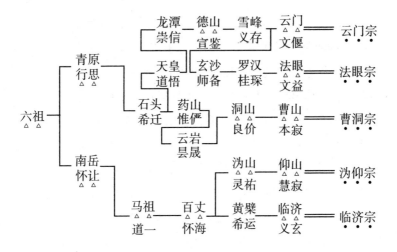

以上诸宗传授之大略也。至各派之长短得失，固非浅学所

能言，亦非本论所应及，故从阙如。若吾国佛学之特色，及诸哲学说之尤精要者，请于次节试论之。

　　鄙人虽好佛学，然实毫无心得，凡诸论述，皆贫子说金之类而已。此节所记历史，据日本人所著《八宗纲要》《十二宗纲要》《佛教各宗纲领》等书，獭祭而成，非能自记忆自考证也。但合彼十数万言之书，撮为数叶，亦颇劬耳。此等干燥无味之考据，知为新学界所不喜，但此亦是我国学术思想一大公案，学者所不可不知也。最而录之，亦足以省翻检之劳云尔。

著者识

第四节　中国佛学之特色及其伟人

　　美哉我中国，不受外学则已，苟受矣则必能发挥光大，而自现一种特色。吾于算学见之，吾于佛学见之。中国之佛学，乃中国之佛学，非纯然印度之佛学也。不观日本乎？日本受佛学于我，而其学至今无一毫能出我范围者。虽有真宗、日莲宗，为彼所自创，然真宗不过净土之支流，日莲不过天台之余裔，非能有甚深微妙，得不传之学于遗经者也。真宗许在家修行，许食肉带妻，是其特色，但此亦印度所谓优婆塞，中国所谓居士之类耳。若以此为佛徒也，何如禅宗直指本心，并佛徒之名亦不必有之为高乎？未尝能自译一经，未尝能自造一论，未尝能自创一派，以视中国，瞠乎后矣。此宁非我泱泱大国民可以自豪于世界者乎？吾每念及此，吾窃信数十年以后之中国，必有合泰西各国学术思想于一炉而冶之，以造成我国特别之新文明以照耀天壤之一日。

吾顶礼以祝，吾跂踵以俟。高山仰止，景行行止。吾请讴歌隋唐间诸古德之大业，为我青年劝焉。

中国之佛学，其特色有四：

第一，自唐以后，印度无佛学，其传皆在中国。基督生于犹太，而犹太二千年来无景教，景教乃盛于欧西诸国；释尊生于印度，而印度千余年来无佛教，佛教乃盛于亚东诸国。岂不悲哉！岂不异哉！佛灭度后数百年间，五印所传，但有小乘，小乘之中，复生分裂，上座、大众，各鸣异见，别为二十部。至五世纪，凡世纪皆以佛灭后计，下仿此。外道繁兴，大法不绝如缕。至六世纪末而有马鸣，七世纪而有龙树、提婆，九世纪而有无著、世亲，十一世纪而有清辨、护法，十二三世纪而有戒贤、智光，其可称真佛教者，不过此五百年间耳。自玄奘西游，遍礼戒、智诸论师，受法而归，于是千余年之心传，尽归于中国。自此以往，印度教徒，徒事论战，怠于布教。而婆罗门诸外道，复有有力者起，日相攻掊。佛徒不支，乃思调和，浸假采用婆罗门教规，念密咒，行加持，开教元气，销灭以尽。至十五世纪，而此母国已无复一佛迹。此后再蹂躏于回教，三侵蚀于景教，而佛学遂长已矣。转视中国，则自唐以来，数百年间，大师踵起，新宗屡建。禅宗既行，举国硕学，皆参圆理，其余波复披靡以开日本。佛教之不灭，皆中国诸贤之功也。中间虽衰息者二三百年，而至今又骎骎有复兴之势。近世南海、浏阳，皆提倡佛学，吾意将来必有结果。他日合先秦、希腊、印度及近世欧美之四种文明而统一之、光大之者，其必在我中国人矣。此其特色一也。

第二，诸国所传佛学皆小乘，惟中国独传大乘。佛教之行，西讫波斯，北尽鲜卑，即西伯利亚。南至暹罗，东极日本，凡亚洲中大小百数十国，无不遍被。吾深疑耶教为剽窃印度婆罗门及佛教而成者。其言天主，即韦陀论所谓梵天、大自在天；其言永生，即佛教所谓涅槃；自余天堂地狱之论，礼拜祈祷之式，无一不与小乘法相类。古代希腊、埃及、犹太、印度，既有交通，如希腊大哲德黎，史家亦谓其尝至印度。然则印度宗教家言，流入犹太，亦非奇事。但未得确据，不敢断言耳。虽然，彼其所传皆小乘耳。日本佛学以中国为母，不在此论。盖当马鸣初兴时，而印度本教中人，固已纷纷集矢，谓大乘非佛说。大乘之行于印，实几希耳。故其派衍于外国者，无不贪乐偏义，谤毁圆乘。即如今日西藏、蒙古，号称佛法最盛之地，问其于《华严》《法华》之旨，有一领受者乎？无有也。独我中国，虽魏晋以前，象法萌芽，未达精蕴，迨罗什以后，流风一播，全国景从，三家齐兴，别传崛起。隋唐之交，小乘影迹，几全绝矣。窃尝论之，宗教者亦循进化之公例以行者也。其在野蛮时代，人群智识卑下，不得不歆之以福乐，慑之以祸灾，故惟权法得行焉。及文明稍进，人渐识自立之本性，断依赖之劣根，故由恐怖主义，而变为解脱主义，由利己主义，而变为爱他主义，此实法之所以能施也。中国人之独受大乘，实中国国民文明程度高于彼等数级之明证也。此其特色二也。

第三，中国之诸宗派，多由中国自创，非袭印度之唾余者。试以第三节所列十宗论之：俱舍宗惟世亲造一论，印度学者竞习之耳，未尝确然立一宗名也，其宗派之成，实自中国。成实宗则自诃梨跋摩以后，竺国故书雅记，无一道及，其流独盛于中国。三论宗在印，其传虽稍广，然亦不如中国。至于华严，其本经之在印度，已沉没于若明若昧之域，据言佛灭后七百年，龙树菩萨始以神力摄取《华严经》于海龙宫，是为本经流通之始。此等神秘之说，虽不足深信，然《华严》不显于印度，可想见矣。而宗门更何有焉？在彼惟有《大不思议》《十地》两论，推阐斯义，余无所闻。故依《华严》以立教，实自杜顺、贤首、清凉、圭峰之徒始也，虽谓华严宗为中国首创焉可也。又如禅宗，虽云西土有二十八祖，但密之又密，舍前祖与后祖相印接之一刹那顷，无能知其渊源，其真伪固不易辨。即云真矣，而印度千余年间，舍此二十八人外，更无一禅宗，可断然也。不宁惟是，后祖受钵，前祖随即入灭，然则千余年间，不许同时有两人解禅宗正法者，又断然也。若是则虽谓印度无禅宗焉可也。然则佛教有六祖而始有禅宗，其犹耶教有路德而始有布罗的士丹也。若夫天台三昧，止观法门，特创于智者大师一人，前无所承，旁无所受，此又其彰明较著者矣。由此言之，十宗之中惟律宗、法相宗、真言宗、净土宗尝盛于印度，而其余则皆中国所产物也。试更为一表示之：

一　俱舍宗………印度有而不盛………中国极盛

二　成实宗………印度创之而未行……中国极盛

三　律宗…………印度极盛…………中国次盛

四　法相宗………印度极盛…………中国亦极盛

五　三论宗………印度有而不盛………中国极盛

六　华严宗………印度无……………中国特创极盛

七　天台宗………印度无……………中国特创极盛

八　真言宗………印度极盛…………中国甚微

九　净土宗………印度极盛…………中国次盛

十　禅宗…………印度无……………中国特创极盛

夫我国之最有功德有势力于佛学界者，莫如教下三家之天台、法相、华严，与教外别传之禅宗，自余则皆支孽附庸而已。

而此四派者，惟其一曾盛于天竺，其三皆创自支那，我支那人在佛教史上之位置，其视印度古德何如哉？窃尝考之，印度惟小乘时代有派别，佛灭后，小乘派分为二十部。初分为大众部、上座部，佛灭一世纪时所分也。次分为一说部、说出世部、鸡胤部，二世纪初叶所分也。次为多闻部，次为说假部，皆二世纪中叶所分也。次为制多山部、西山住部、北山住部，二世纪末叶所分也。此八派皆从大众部分出。次为说一切有部，三世纪初叶所分也。次为犊子部，复由犊子部分为法上部、贤胄部、正量部、密林山部；次为化地部，复由化地部分为法藏部，皆三世纪中叶所分也。次为饮光部，三世纪末叶所分也。次为经量部，四世纪初叶所分也。此十派皆由上座部分出也。四世纪以后，小乘衰熄，大乘未兴，佛教几绝。而大乘时代无派别。大乘之兴，凡为三期，第一期则马鸣也，六世纪末。第二期则龙树、提婆也，七世纪。第三期则无著、世亲也，九世纪。皆本师相传，毫无异论，略似汉初伏生、申公、后苍等之经学。及其末流，护法、清辨，诤空有于依他之上，戒贤、智光，论相性于唇舌之间，壁垒稍新，门户胎立，而法轮已转而东矣。盖大乘教义，萌芽于印度，而大成于支那，故求大法者，当不于彼而于我。此非吾之夸言也，殆亦古德之所同许也。此其特色三也。

第四，中国之佛学，以宗教而兼有哲学之长。中国人迷信宗教之心，素称薄弱。《论语》曰："未能事人，焉能事鬼？""未知生，焉知死？"子墨子谓程子曰："儒以天为不明，以鬼为不神。"见《墨子·公孟》篇。盖孔学之大义，浸入人心久矣。佛、耶两宗，并以外教入中国，而佛氏大盛，耶氏不能大盛者何也？耶教惟以迷信为主，其哲理浅薄，不足以餍中国士君子之心也。佛说本有宗教与哲学之两方面，其证道之究竟也在觉悟，觉悟者正迷信之反对也。其入道之法门也在智慧，耶教以为人之智力极有限，不能与全知全能之造化主比。其修道之得力也在自力。耶教日事祈祷，所谓借他力也。佛教者，实不能与寻常宗教同视者也。中国人惟不蔽于迷信也，故所受者多在其哲学之方面，而不在其宗教之方面。而佛教之哲学，又最足与中国原有之哲学相补佐者也。中国之哲学，多属于人事上、国家上，而于天地万物原理之学，穷究之者盖少焉。英儒斯宾塞，尝分哲学为可思议、不可思议之二科，若中国先秦之哲学，则毗于其可思议者，而乏于其不可思议者也。自佛学入震旦，与之相备，然后中国哲学乃放一异彩。宋、明后学问复兴，实食隋唐间诸古德之赐也。此其特色四也。

第八章　近世之学术（起明亡以迄今日）

本论自壬寅秋阁笔，余稿久未续成，深用歉然。顷排积冗，重理旧业。以三百年来变迁最繁，而关系最切，故先论之。其第六章未完之稿及第七章之稿，俟本章撰成，乃续补焉。

著者识

原稿本拟区此章为二，一曰衰落时代，一曰复兴时代。以其界说不甚分明，故改今题。

又识

第一节　永历、康熙间

新民子①曰：呜呼！吾论次中国学术史，见夫明末之可以变为清初，清初之可以变为乾嘉，乾嘉之可以变为今日，而叹时势之影响于人心者正巨且剧也，而又信乎人事与时势迭相左右也。自明中叶，姚江学派，披靡天下，一代气节，蔚为史光，理想缤纷，度越前古。顾其敝也，摭拾口头禅，转相奖借，谈

---

① 本书各章在《新民丛报》陆续刊出时，作者署名"中国之新民"。

空说有，与实际应用益相远，横流恣肆，非直无益于国，而且蔑以自淑。逮晚明刘蕺山证人一派，已几于王学革命矣。及明之既亡，而学风亦因以一变。

吾略以时代区分之，则自明永历即清顺治。以迄康熙中叶，为近世第一期。于其间承旧学派之终者，得六人，曰孙夏峰、李二曲、陆桴亭、二张蒿庵、杨园、吕晚村；为新旧学派之过渡者，得五人，曰顾亭林、黄梨洲、王船山、颜习斋、刘继庄；开新学派之始者，得五人，曰阎百诗、二万充宗、季野、胡东樵、王寅旭；自余或传薪，或别起，皆附庸也，不足以当大师，凡为大师十有六人。其为学界蟊贼者，得四人，曰徐昆山、汤睢州、毛西河、李安溪。今以次论之。

程朱、陆王之争，最陋者莫如清初。所争者假程朱以诋陆王耳，党于陆王以诃程朱者，尚无其人。此当分别言之。然其风特煽自后起之诸小人儒耳，若夫遗老大师，各尊所闻，未始或相非也。其时以王学显者，莫如夏峰孙奇逢、二曲李中孚、梨洲黄宗羲，以朱学显者，莫如桴亭陆世仪、蒿庵张尔岐、杨园张履祥，皆彼此忻合，未尝间然。其始标门户以相排诋者，自陆陇其、熊赐履辈始。

请言旧派中之王学。晚明学风之敝，流为狂禅，满街皆是圣人，酒色财气不碍菩提路。猖幻至此，势固不得不有所因革。夏峰少与东林诸君子游，其传授濡染，纯出姚江；而晚年为《理学宗传》，特表周、程、张、邵、朱、陆、薛、王及罗念庵、顾泾阳为十一子。二曲教学者，当先观象山、慈湖、阳明、白沙之书，阐明心性，直指本初；然后取二程、朱子及康斋、敬轩、泾野、整庵之书，玩索以尽践履之功。则两君子者之融洽门户，可概见也。次于孙、李、黄梨洲之学，别详下节。者，曰刁蒙吉包。

蒙吉最崇拜高忠宪，而亦尊洛、闽。自余则有刘伯绳汋，蕺山子、高彙旃世泰，忠宪子、沈求如国模、沈甸华昀，其学派大率出于顾、高，坚苦刻厉，鞭辟近里，有中明遗风，当时江浙间传习甚盛。及康熙中叶，诸贤凋丧，而派亦中绝。

请言旧派中之朱学。桴亭、杨园，首以醇儒名，而其本师乃在蕺山；蒿庵学无所承，专以笃谨苦行标宗。要之三君子者，犹宋之有泰山、徂徕，明之有康斋、敬轩也，其困勉笃行相类，其规模稍隘亦相类，然皆不敢有所诋诃于前辈。同时汲其流者，则有若应潜斋扢谦、谢约斋文洊、李闇章生光诸先辈，最为知名。此派在永历、顺治间，其盛不如王学；雍、乾以后，亦殆泯灭。然究以时主所褐櫫，故得援适者生存之例。娭阿托名于此间者，犹代有其人。俗论之语清初大儒，言王学者必举汤潜庵，言朱学者必举陆稼书。吾以为此二人于二百年来学界，无功而有罪者也，故不以列于此，而于本节末附论之。

其时旧学派中别有一大师焉，曰吕留良。留良字晚村，浙人，治朱学而能致用者也。自曾静之狱以后，蒙"大逆不道"之号，戮尸赤族，此后学者，无复敢习其学、称其人。然据雍正谕旨，称其尝以博学鸿词荐，誓死不就，以山林隐逸荐，乃剃发为僧，其大节与夏峰、二曲、亭林、梨洲相辉映也。又言吕留良一人倡导于前，全浙从风而靡，地方官吏，怵其党徒众盛，皆加意优礼，督抚到任，皆循例加礼，李卫亦曾赠送祠堂扁额云。是其学派之昌明普及，虽容城、鳌峰，有所不逮也。吾尝略钩稽群籍，窃疑清初讲学之盛，殆未有及吕氏者。彼其茹种族之痛，处心积虑以志光复，而归本于以学术合群，其苦心达识，百世下犹将见之。后世论晚村者，即不谓之大逆，亦不过以与八股家同类而并笑之。庸知夫隐于八股，而借以为号召者，正晚村智深勇沉之征证也。其生平著述，或毁或禁，今无一存。余仅从旧籍中得见雍正间阁臣奉敕撰《驳吕留良四书讲义》一编，原文附见前简，虽割裂剥落，不见其真，然微言大义，犹有存焉。其独到处，固非寻常曲学所能梦也。余将别采其说，著之《饮冰室读书录》中。此避冗不具引也。故吾论顺、康间大儒，必数吕子。

所谓旧学派诸贤者，语其在学界上之位置，不过袭宋、明之遗，不坠其绪，未足为新时代放一异彩也。其可称近世学术史之特色者，必推顾、黄、王、颜、刘五先生。五先生之学，应用的而非理想的也。吾欲语其学，请先语其人。亭林自国变后，首倡义里中，赞鲁王监国。鲁王败，欲赴海上通郑氏，道梗未达，遂浪迹四方，遍游秦、晋、齐、豫、燕、代、淮、浙，凡六谒孝陵，六谒思陵。末乃卜居陕之华阴，以为华阴绾毂山河之口，虽足不出户，而能见天下之人，闻天下之事，有警可以入山守险，若志在四方，则一出关门，有若建瓴。每出游，所至厄塞，即呼老兵退卒，询其曲折。史家谓先生既负用世略，不得一遂，所至每小试之，垦田度地，累致千金，而别贮之以备有事。呜呼，此其志为何如，其才为何如哉！王不庵曰："甯人身负沉痛，……奔走流离，……数十年靡诉之衷，曾不得快然一吐，而使后起少年推以多闻博学，其辱已甚，安得不掉首故乡，甘于客死。噫！可痛也。"《鲒埼亭集》引。由此观之，顾先生之为人何如也！梨洲少年袖锥，为父复仇，气节已轰一世。画江之役，纠里中子弟数百人，号世忠营，从孙嘉绩、熊汝霖倡义。江上军败，复入四明山，结寨自固。其后复副冯京第乞师日本，间关转徙，垂二十年。由此观之，黄先生之为人何如也！船山少年，自残肢体以赎其父。国变后，从桂王迁徙于肇庆、桂林、南宁间者，十有余年。缅甸覆没，乃赍志老牖下，终身不剃发，窜伏穷山四十余年，一岁数徙其处，故国之戚，生死不忘。由此观之，王先生之为人何如也！习斋行事不少概见，然相传其折竹为刀，以胜剑客，磬控驰射，中六之焉。其著述往往叹息于宋氏之亡，才士摧折，不尽其用。由此观之，颜先生先生名元。之志犹顾、黄、王之志也。继庄益诡异矣。亭林以南人而足迹多在北，继庄以北人顺天大兴人。而足迹多在南。其所浪游，亦中国之强半。全谢山传之曰："继庄出于改步之后，遭遇昆山兄弟，按，谓徐乾学、徐元文。而卒老死布衣。又其栖栖吴头楚尾间，漠不为枌榆之念，将无近于避人亡命者之所为，是不可以无稽也，而竟莫之能稽。"按，继庄之客昆山家，专为借读藏书云。又曰："其人踪迹，非寻常游士所阅历，故似有所讳而不令人知。"由此观之，刘先生先生名献廷。之为人，与顾先生何酷相肖也！综而论之，五先生皆抱经世之志，怀不世之才，深不愿以学著，而为时势所驱迫、所限制，使不得不仅以学著。于近世学术史上叙述五先生，五先生之遗痛也。虽然，近世学术史上而有五先生，又学术史之光也。

　　五先生之学，若顾、若王、若颜、若刘，皆前无所受。船山、习斋，更崛起山谷，与一时宿儒名士绝交通，可谓自得而深造者也。继庄平生讲学之友，所严事者曰顾畇滋，曰彭躬庵，曰船山；而当时北学甚盛，或有所得于夏峰、二曲；其南游数十年，梨洲、亭林、季野，皆相往还，所得丽泽之益当不鲜。若顾先生，则更取精而用宏矣。五先生中，其所承学统最明者，莫若梨洲。梨洲亲受业蕺山，以接姚江之传。虽然，梨洲学自梨洲学，非阳明亦非蕺山也。要之五先生者，皆时势所造之英雄，卓然成一家言。求诸前古，则以比周、秦诸子，其殆庶几；后此惟南宋永嘉一派陈止斋、叶水心、陈龙川一派。亦略肖焉。然以永嘉比五先生，则有其用而无其体者也，即所谓用者，亦有其部分而无其全者也。故吾欲推当时学派，为秦汉以来二千年空前之组织，殆不为过。

五先生之学，有普通者，有特别者。请言其普通者。曰以坚忍刻苦为教旨相同也。习斋专标忍嗜欲、苦筋力之旨，为学道不二法门。近世余杭章氏以比诸罗马之斯多噶派，谅矣。亭林讲学，首倡行己有耻。其言曰："古之疑众者，行伪而坚；今之疑众者，行伪而脆。"其宗旨所在可知也。王、黄、刘虽不标名号，迹其生平行谊，非浮靡柔脆者所能望其肩背也。船山以不忍剃发之耻，颠顿窜伏于山谷者，数十年如一日，尤空前绝俗之行也。盖以身教，教之大者也。此其一。曰以经世致用为学统相同也。五先生之著述，可覆按也，彼其经世，非犹夫宋乾、淳间永嘉派之言也。其详别见下段。此其二。曰以尚武任侠为精神相同也。顾、黄、王三先生，历参鲁、唐、桂三王军事，其勇略章章在耳目也。船山《读通鉴论》《宋论》《黄书》《噩梦》诸作，痛叹于黄族文弱之病，其伤心如见也。继庄绝世之秘密运动家也，惜其所志不遂，而其谋不彰也。习斋则屡言勇为达德，日与其徒肆于射圃，终身不衰也。以口碑所述，梨洲绝擅技击，友人某为余言，有剧盗欲学梨洲技击，苦不得阶进，乃伪为受业于门，三年，乃尽传之云。述者忘其记载所自出，真伪莫辨也。然观其袖锥入京师，谋复仇，则其擅技击谅不缪。亭林亦然，顾氏有三世仆，曰陆恩，叛投里豪，欲讦告亭林通海。亭林独潜往手擒之，数其罪湛诸水云。亭林膂力、技击可想见。习斋亦然。习斋削竹为刀以胜剑客，其术殆有所受也。凡此诚不足以为诸先生重，虽然，此亦国粹之一种，言尚武者所不可废也，吾昔常持论谓中国将来若讲体育，则如易筋术、拳术等，不可不改良而存之。日本之柔术、相扑术、剑术等，维新后而益昌，诚非无故也。此次日俄之役，日军每于突击获奇胜，论者多归功于此等旧术，而西人亦诧之不置云。而诸先生皆躬娴之。此其三。曰以科学实验为凭借相同也。亭林、梨洲、船山之著作等身，若地理，若历史，若音韵，若律历，皆有其所创见，夫人而知矣。以全谢山所作《继庄传》证之，其学亦岂让三子？习斋专主实行，而下手工夫，取的于《周官》德、行、艺之三物，盖亦以矫明末空谈之弊焉。传习斋学最亲切者，曰李刚主，观刚主之著述，可以知习斋矣。诸先生之著述评详下段。此其四。

请言其特别者。亭林之《日知录》，为有清一代学术所从出，尚矣。其《天下郡国利病书》及《肇域志》，虽未成之本，然后世言人文地理者祖焉，至今日其供学者参考之用者益广也。亭林深知生计与政治为切密之关系者也，故言之尤断断也。其生计学皆应用的也，彼小试之于垦辟而大效，惜不能尽其用也，不然，亭林一越之范蠡也。声音训诂，为百余年间汉学之中坚，其星宿海则自《音学五书》也；金石学自乾嘉以来，蔚为大国，则亦《金石文字记》为其先河也。故言清学之祖，必推亭林。诸先生之学统，不数十稔而俱绝，惟亭林岿然独存也。惜存者其琐节，而绝者其大纲；存者其形式，而绝者其精神也。亭林曰，今日只当著书，不必讲学。又曰，经学即理学。而后儒变本加厉，而因以诋理学而仇讲学者，非亭林所及料也，然亭林不能不微分其过也。

开拓万古、推倒一时者，梨洲哉，梨洲哉！《明儒学案》六十二卷，为一代儒林薮，尚矣。非徒讲学之圭臬，抑亦史界一新纪元也，学之有史，自梨洲始。《明夷待访录》之《原君》《原臣》诸篇，几夺卢梭《民约》之席；《原法》以下诸篇，亦厘然有法治之精神。此近世学子所既知，无俟吾喋陈也。《律吕新义》二卷，则后此言律学者祖焉。《句股图说》《开方命算》《测圆要义》诸作，启近世研究算学之端绪。其后梅定九文鼎本《周髀》言历，世称绝学，而不知实梨洲发起之。梨洲尝言句股法，乃周公、商高之遗，后人失之，而西人窃其传。梨洲诚魁儒哉！

船山最崇拜横渠，谓其学如皎日丽天，无幽不烛，惜其门人未有殆庶者。又以布衣贞隐之故，当时巨公，如文、富、司马，无繇资其羽翼，故其道之行，不逮周、邵。吾今于船山之学，亦云然矣。《正蒙注》《思问录》两书，本隐之显，原始要终。浏阳谭氏谓五百年来学者，真能通天人之故者，船山一人，非过言也。《读通鉴论》《宋论》两编，史识卓绝千古，其价值至今日乃大显，无俟重赞。抑《黄书》亦《明夷待访》之亚也，其主张国民平等之势力，以裁抑专制，三致意焉。吾昔抄录《读通鉴论》《宋论》《黄书》中发民权之理者，凡三四十条，文繁不备征。黄、王之轩轾，吾盖难言之。乾嘉后汉学家之说经，往往有自矜创获，而实皆船山诸经稗疏所已言者。故船山亦新学派之一导师也。

习斋有《存性》《存学》《存治》《存人》四编，其精华之论，皆在于是。号之曰周孔之学，以自别于程朱。其言曰：以讲读为求道，其距千里也；以书为道，其距万里也。盖其学颇有类于怀疑派，而事事而躬之，物物而肄之，以求其是，实宋明学之一大反动力，而亦清学最初一机捩也。雍、乾以后学者，莫或称习斋，然顾颇用习斋之术。但其术同，而所用之之目的地不同。以实事求是一语，而仅用之于习斋所谓其距万里之书，习斋其恫矣。乃者余杭章氏极推习斋，以为荀卿以后一人，其言或太过，然要之为一代大儒必矣。

五先生中，其最不显者莫如继庄，使非有全谢山一传，恐至今无复有道其名者，更靡论其学也。吾举继庄以厕于顾、黄、王之列，闻者其将哈之。虽然，继庄决不让诸君子。继庄所著书，或未成，或散佚，今传者惟一《广阳杂记》，吴县潘氏所刻《功顺堂丛书》有之。得缘此以窥其崖略。继庄之学，最足以豪于我学界者有二端，一曰造新字。中国文字，衍形不衍声，以致国语不统一，而国民团结力因以大杀。今之识者，悁然忧之久矣。十年以来，新字问题，孳乳发生，而至今未有所成。乌知夫二百八十年前之先辈，早有从事者，则继庄之《新韵谱》也。全谢山云，继庄《新韵谱》，以华严字母为本，"而参之以天竺陀罗尼、泰西蜡顶（按，即拉丁文也）、小西天梵书（按，当是西藏语）暨天方（按，即阿剌伯）、蒙古、女直等音。……其法先立鼻音二，以鼻音为韵本，有开有合，各转阴、阳、上、去、入之五音，阴、阳即上、下二平，共十声，而不历喉、腭、舌、齿、唇之七位，故有横转，无直送，则等韵重叠之失去矣。次定喉音四，为诸韵之宗，而后知泰西蜡顶话、女直国书、梵音，尚有未精者。以四者为正喉音，而从此得半音、转音、伏音、送音、变喉音。又以二鼻音分配之，一为东北韵宗，一为西南韵宗，八韵立，而四海之音可齐。于是以喉音互相合，凡得音十七；喉音与鼻音互相合，凡得音十；又以有余不尽者三合之，凡得音五；共三十二音为韵父，而韵历二十二位为韵母，横转各有五子，而万有不齐之声，摄于此矣。……然后取《新韵谱》为主，而以四方土音填之，则逢人便可印正"云。按，其书今不传，其所造字母，不可得而稽，其果适用与否，无从断言。要之真不朽之盛业也。使继庄在今日，遍通诸国语言文字，其成就可限量耶？二曰倡地文学。地文学今列于普通科，髫龀之子，入新塾者，往往能道。若夫五十年前，则举国学者，未或注意于是也，而继庄实发明之。全谢山云，继庄论向来方舆之书，大抵详于人事，而天地之故，概未有闻。当于疆域之前，别添数则，记其北极出地之度，与其节气之先后异同等。（中略）（按，今泰西地理书，莫不有之矣。）燕京、吴下水皆东南流，故必东南风而后雨；衡、湘水北流，故必北风而后雨。诸方山水之向背分合，皆当按籍而列之。而风土之刚柔，暨阴阳燥湿之征，又可次第而求矣。（按，此皆极精之论，今泰西地理家言所最注意者，非有得于归纳论理学，不能道也。）诸方有土音，又有俚音，盖五行气运所宣之不同。各谱之为一则，合诸土产，则诸方人民性情、风俗之微，皆可推而见矣。按，地学之精微，至是而极。近世学者谓地理与群治有密切之关系，诚有察于此也。吾去年始见日本人牧口常三郎所著《人生地理学》一书，举日本全土风俗、政治种种发达之差异，而悉纳之于地理，旁引泰西各国以为证，而皆有精确不磨之论据。吾读卒业，叹为得未曾有，而不知吾二百年前之先民，已有志于此业者。后起无人，大业不竟，谁之责也？可叹可愧。吾以为以继庄学顾、黄、王易，以顾、黄、王学继庄难。高山景行，吾向往焉。

由此观之，近世学术史上，所以烂然其明者，惟恃五先生。抑五先生不独近世之光，即置诸周、秦以后二千年之学界，亦罕或能先也。顾明之末清之初，以何因缘，而得有此？吾尝推原之，以晚明政治之腐败，达于极点，其结局乃至举数千年之禹域，鱼烂以奉诸他族，创巨痛深，自古所未尝有也。故瑰奇绝特有血性之君子，咸惕然于天下兴亡匹夫有责，深觉夫讲求实际应用的政论之不容已。此其由时势所造成者一也。姚江学兴，既举前此破碎支离之学而一扫之，晚明百年间学者，咸有发扬蹈厉之气，异于前代。儒之有侠风也，孕而育之者姚江也，五先生之学，皆有近墨子处，吾将别论之。故谓五先生以王学为原动力可也。但王学末流狂恣滋甚，徒以一二口头禅相尚。其对于自己也，去实践愈远；其对于社会也，去实用愈远。物极必反，然后诸君子不得不以严整之戒律，繁博之考证，起而矫之，

故谓五先生为王学之反动力可也。两者兼然后此种特别之学派
出焉。此其由旧学所造成者二也。五先生中，惟梨洲与王学有直接
关系。其余若亭林、船山，于王学皆往往有所纠正，不表同情也。习斋
则并宋明而悉弃矣。故言五先生之学与王学有关系，闻者或疑焉。虽然，
间接之影响，往往更大于直接，此不可不察也。使五先生生于他代，
以其才与其学，必将有所借手，著之实施，则无暇以学鸣，而
其学之深造，必不逮也。顾以亡国遗民，义不可以立人之本朝，
其所怀抱，不得不尽假诸竹帛。又其奔走国难，各间关数十年，
于一切政俗利病，皆得之于实验调查，以视不出户而谈天下事
者，与夫拥旄节以问民疾苦者，相去远矣。此其由诸先生之地
位所造成者三也。综此三因，则此种学派，不产于他代，而惟
产于永历、康熙之交，有以夫，有以夫！虽然。以诸先生之才
之学之志之节，各皆献身以尽瘁于国事，而卒无救于亡明，是
则可痛也。若语其原因，盖甚复杂焉。以非本论范围，今略之。

　　同时学派，与五先生相近者，尚数人。于蜀有唐铸万甄，
著《潜书》二篇四卷。乾隆间尝为禁书，今有重印者。近世学者，
多知梨洲、船山，能发民权公理，而不知巴蜀山谷间，有唐氏
者，与之作桴鼓应也。《潜书》上篇有《鲜君》篇、《抑尊》篇。《抑
尊》篇云：“君日益尊，臣日益卑，是以人君之贱视其臣民，如犬马虫
蚁之不类于我。其去治道远矣。”又曰：“天子之尊，非天帝大神也，皆
人也。”又曰：“位在十人之上者，必处十人之下；位在百人之上者，必
处百人之下；位在天下之上者，必处天下之下。”《潜书》下《室语》篇云：
“自秦以来，凡为帝王者皆贼也。……杀一人而取其匹布斗粟，犹谓之贼；
杀天下之人而尽有其布粟之富，乃反不谓之贼乎？”又《止杀》篇云：
“覆天下之军，屠天下之城，以取天下，是食天下人之肉以为一人养也。”
凡此诸论，自墨子、孟子以后，久矣夫不获闻矣。是真可与梨洲之《原

君》《原臣》相表里者。当二百年前能倡此，何可及也？吾故不惮胪举之。于吴有陈确庵瑚，其学多得于桴亭，而尤好言经世。编全史为四大部，以政、事、人、文别之。政部分曹，事部分代，人部分类，文部分体。手书巨帙各数十，皆能背诵云。其精力真不可思议。所著述关于农田、水利、兵法者尤夥，而剑击之技妙天下。于鄂有胡石庄承诺，著《绎志》六十一篇二十余万言，自拟于徐幹《中论》、颜之推《家训》，然论者谓其精粹奥衍，过于二书。此三君子者，亦崛起卓然，自成一家，其最章章者也。而顾景范祖禹之《读史方舆纪要》，亦旷古一绝作，其所得于亭林、继庄、季野者颇多云，亦此一派之一支流也。

梨洲有弟曰晦木名宗炎，侠气过于乃兄。其学之醇不及之，而精到处与之颉颃。于象纬、律吕、轨革、壬遁之学，皆有神悟，而著书亦数十卷，晚年以石函锢所著述，语其子曰：急则埋之。身后果有索者，子如其言。子卒，遂莫知所在云。一小梨洲也。万季野为梨洲高弟，最能传其学。下段别论之。其子百家，亦殆庶几。此黄学传授之大略也。习斋高弟曰李刚主塨，曰王崐绳源。刚主屡被荐，辟不赴，晚年受声乐之学于毛西河，多所著述。崐绳孜孜以传颜学为己任，与方望溪多所辨难，见于《望溪集》。此颜学传授之大略也。船山崎岖山谷，其弟子无一有力者。继庄则兔起鹘落，不可方物，其名且隐，其学更无论也。亭林以不好讲学故，直接有力之弟子无一人，而二百年来汉学家，率宗尚之。虽然，以是为顾学，顾先生不任受也。然则五先生之学派，或身殁而绝，或一再传而遂绝，雍、乾以后，不复存于人间矣。厥后惟乾隆间全谢山祖望私淑梨洲，得其形似；近世谭浏阳私淑船山，青出于蓝。强编学案，则二君其选也。夫以五先生之魄力，能辟千古未辟之学统，而顾不自传诸其人，以光大于后世，则何以故？吾将于次简论之。

同时学行与顾、黄、王、刘相类，而不以学名者，尚有一傅青主山，以任侠闻于鼎革之交。国变后，冯溥、魏象枢尝强荐之，几以身殉。遂易服为道士，有问学者，则告之曰："老夫学庄、列者也，于此间诸仁义事，实羞道之。"或强以宋诸儒为问，则曰"必不得已，吾取同甫"云。虽然，史家谓其学自大河以北，莫能及者，盖有所愤而自隐，其志愈哀于黄、顾矣。当时黄冠、浮屠中如青主者不乏人，举其学最高者为代表云尔。流俗所以多知青主者，以其女科医方。实则青主非知医者，其方不过得自家传云。

言泰西近世文明进步之原动力者，必推倍根，以其创归纳论理学，扫武断之弊，凡论一事，阐一理，必经积累试验然后下断案也。前此亚里士多德所传之论理学，谓之演绎法。以心中所悬拟之理，命为前提，而因以下断案。至倍根起，谓寻常智慧，易有所蔽，所悬拟之前提，未必正确也。前提不正确，则断案亦随而俱缪矣。因用积累试验之法，既悬拟一理矣，不遽命为前提也，参伍错综，向种种方面以试验之，求其真是，乃始命为前提。是即所谓归纳法论理学也。审如是也，则吾中国三百年来所谓考证之学，其价值固自有不可诬者。何也？以其由演绎的而进于归纳的也。泰西自十五世纪文学复兴以后，学者犹不免涉于诡辩，陷于空想，自倍根兴而始一矫之。有明末叶，正中国之诡辩空想时代也。及明之亡，顾、黄、王、颜、刘诸子，倡实践实用之学，得其大者；阎、胡、二万、王、梅诸君，同时蔚起，各明其一体。其时代与倍根同，倍根生于明嘉靖四十年，卒于天启六年。其学统组织之变更，亦颇相类。顾泰西以有归纳派而思想日以勃兴，中国以有归纳派而思想日以销沉。非归纳派之罪，而所以用之者误其涂径也。

　　本朝学者以实事求是为学鹄，颇饶有科学的精神，而更辅以分业的组织，惜乎其用不广，而仅寄诸琐琐之考据。所谓科学的精神何也？善怀疑，善寻间，不肯妄徇古人之成说与一己之臆见，而必力求真是真非之所存，一也。既治一科，则原始要终，纵说横说，务尽其条理，而备其佐证，二也。其学之发达，如一有机体，善能增高继长，前人之发明者，启其端绪，虽或有未尽，而能使后人因其所启者而竟其业，三也。善用比较法，胪举多数之异说，而下正确之折中，四也。凡此诸端，皆近世各种科学所以成立之由，而本朝之汉学家皆备之，故曰其精神近于科学。所谓分业的组织何也？生计家言，谓社会愈进于文明，则分业愈趋于细密。此不徒生计界为然也，学界亦然。挽近实学益昌，而学者亦益以专门为贵，分科之中，又分科焉。硕儒大师，往往终身专执一科以名其家。盖昔之学者，其所研究博而浅；今之学者，其所研究狭而深。如法律学一科学也，而国法、国际法、民法、刑法、商法等，各为分科。分科中，复有分科，如国法中，治宪法者，治行政法者，不相杂厕也；国际法中，治公法者，治私法者，不相杂厕也。凡诸学科，莫不皆然。学愈进则剖析愈精，而学者之分业愈行。本朝汉学家之治经，亦有类于是，乾嘉以后学者，皆各专一书以终身，如段氏之《说文》，陈氏之《毛诗》，胡氏之《仪礼》，孔氏、陈氏之《公羊》。乃至或专事校勘，或专明金石，或专释地理，或专研声律，或专考历算，其分业愈精，其发明愈深。百年前之经学，其组织殆可称完备。故曰其组织近于分业。夫本朝考据学之支离破碎，汩没性灵，此吾侪十年来所排斥不遗余力者也。虽然，平心论之，其研究之方法，实有不能不指为学界进化之一征兆者。至其方法何以不用诸开而用诸闭，不用诸实而用诸虚，不用诸新而用诸陈，则别有种种原因焉。若民性之遗传，若时主之操纵，皆其最巨者也。盖未可尽以为诸儒病也。

本朝学派，以经学考据为中坚，以为欲求经义，必当假途于文字也，于是训诂一派出。以文字与语言相联属也，于是音韵古音一派出。又以今所传本之文字，或未可信据也，于是校勘一派出。以古经与地理多有关系也，于是地理一派出。以古经与天算多有关系也，于是天算一派出。以古代之名物制度与今殊异也，于是名物制度一派出。是为乾嘉时代最盛之支派。

言声音训诂学，而以汉以后字书为未足也，于是金石一派出。言地理而以域内为有限也，于是西北地理一派出。以今传之经籍为未完备也，于是辑佚一派出。崇古尊汉之极点，而以东汉之学术，其导源更自西汉也，于是今文经说一派出。是为乾嘉以后续兴之学派。

推其考据经学者以及群史，于是钱辛楣、王西庄一派之史学出。推其考据经学者以及诸子，于是毕氏秋帆一派之子学出。彼非诚欲治子、史也，以经学之席位，已悉为前辈所占，不得已而思其次也，故谓之为经学之支流可也。若此者是为清代学术之正派。

此正派之初祖谁氏乎？曰阎百诗若璩，曰胡东樵渭。阎氏著《古文尚书疏证》，定东晋晚出二十五篇之伪，批郤导窾，霍然以解。胡氏著《禹贡锥指》，谓汉、唐二孔伪孔安国注及孔颖达疏，宋蔡氏蔡沈集传，于地理多疏舛，乃博引群书，以辨九州山川形势及古今郡国分合异同。此二书出，乃为经学界开一新纪元。夫二书者，各明一义，至为区区，而经学新纪元之名誉，不得不归之者何也？盖三百年来，学者以晋、唐以后之经说为不足倚赖，而必求征信于两汉，此种观念，实自彼二书启之。而其引证之详博周密，断案之确实犀利，尤足使读者舌挢心折，而唤起其尊汉蔑宋之感情。阎书专据康成以折伪孔，胡书多引郑注及《说文》以正孔疏蔡传。清儒之崇拜许、郑，其感情实自此二书始。盖二书直接之发明，虽局于一节，而间接之影响，则遍于全体也。故清学正派之初祖，必推二氏。

同时经学别派有二大师，曰鄞县万充宗斯大、季野斯同兄弟。充宗为《礼书》三百卷，《春秋说》二百四十卷毁于火；季野为《读礼通考》百二十卷。此书冒徐乾学名，实皆出季野手。二万之学，不标汉、宋门户，其感化所及于清代学界者，不如阎、胡之巨，然言三《礼》者必祖之。寻秦蕙田有《五礼通考》之作。二万皆梨洲高弟，其学之大体，受自梨洲，而颛门罩精，更有所进。季野之史学，尤吸纳万流，推倒一世。虽然，万氏派之史学，不盛于清代。

经学与万氏派略相近者，有马宛斯骕，著《左传事纬》及《绎史》，顾甯人亟赞之。乾嘉后学者病其家法不严，与《五礼通考》同讥焉，实则二书皆三百年来杰构也。雍、乾间有顾震沧栋高，著《春秋大事表》，其学统亦略近万氏。

中国于应用科学，无一足称者。其最发达莫如算，圣祖嗜此綦笃，复有西儒南怀仁辈备顾问内廷，高髻广额，流风浸被于后，于三百年来兹学之进步，颇有力焉。而开其先者，曰王寅旭锡阐、曰梅定九文鼎。王氏当前明徐文定光启修历之时，已潜心兹业，著《晓庵新法》六卷，梅氏致心折焉。顾亭林品评时彦，独首先生，曰"学究天人，确乎不拔，吾不如王寅旭"。其所造可知也。梅氏则三百年言算者所宗矣，所著算书凡二十五种六十卷。实二十九种，其孙毂成编校时删并为今数，即所传《梅氏丛书》是也。此后官书，如《律吕正义》《历象考成》等，多本之。若算学于本朝学界上有价值者，则开宗之名誉，舍两先生无属也。

故吾以阎、胡、二万、王、梅为新学派之开祖，就中阎、胡影响最巨，诸人次焉。

孙、李、陆、吕、二张、顾、黄、二王、颜、刘、二万，皆明遗民，于新朝不肯受一丝一粟之豢养，非直其学之高，抑其节行又足以砥所学也。阎氏虽一应征，然未尝立于本朝。胡氏蚤岁力拒征辟，晚节圣祖南巡，献颂赐对，士论稍惜之。梅氏亦于南巡时强起召见。虽然，三先生者皆以处士终也。万季野就明史馆席，然不肯受官，自言欲握国史权，以报故国云，其志可敬也。故吾辈语诸先生，皆当号曰明儒，不当曰清儒。若夫语于学统，则固划然为一新时代，以明学目之焉，又不得也。

自有所谓以名臣兼名儒者，而清学始不竞矣。其最初有闻于时者，曰魏环极象枢、魏石生裔介、陆稼书陇其、张孝先伯行。二魏以鲠介闻，新朝创法立制，多出其手，而于学界关系盖鲜。稼书肫笃明察，循吏之才。伯行敬慎廉介，硁硁自守，其行节无可议，然学太隘陋。稼书之言曰："今之论学者无他，亦宗朱子而已。宗朱子为正学，不宗朱子即非正学。董子云：诸不在六艺之科、孔子之术者，皆绝其道勿使并进，然后统纪可一，法度可明。今有不宗朱子者，亦当绝其道勿使并进。"伯行纂《性理正宗》，排斥陆王，不遗余力。王学之绝，陆、张最有力焉。其人既见称于时主，其学益见重于流俗，思想自由，乃销蚀于无形之间。二氏个人之私德，不足赎其对于社会之公罪也。其纯然为学界蟊贼，煽三百年来恶风，而流毒及于今日者，莫如徐乾学、汤斌、李光地、毛奇龄。

近儒或以欧阳修、苏轼为宋学界之蠹，其论稍过。若清之有徐乾学，其又下于欧、苏数等者也。清兴首开鸿博，以网罗知名士；不足则更征山林隐逸，以礼相招；不足则复大开明史馆，使夫怀故国之思者，或将集焉。上下四方，皆入其网矣，除吾所陈诸先生外，其幸免者寡也。而当时汲引最盛者，曰昆山徐。彼以南人，处文学最盛之区，一时魁儒大师，皆所素往还。既缘佞幸，骤获宠贵，则以利禄相歆，以威势相胁，而屡主文衡，久尸史职，务欲尽罗名宿，致诸门下。彼固不知学，而借门下食客，以为之缘饰，既博礼士之名，复徼绩学之誉，侈然以稽古之荣为饵，而使一世廉耻，浸润以销灭。士之弁髦气节，以奔竞谄谀为尚，其受徐氏之影响者最多焉。不然，有明三百年之所养，何一旦扫地以尽，若是速也！

汤斌、李光地，皆以大儒闻于清初，而斌以计斩明旧将李玉廷，光地卖其友陈梦雷，而主谋灭耿、郑，皆坐是致贵显。然斌之欺君，圣祖察之，光地之忘亲贪位，彭鹏闽人，给事中，与光地同乡。劾之，即微论大节，其私德已不足表率流俗矣。而皆窃附程朱、陆王，以一代儒宗相扇耀，天下莫或非之。质而言之，彼二氏者，学术之醇，不及许衡，而殄弃名节与之相类；阶进之正，不及公孙弘，而作伪日拙与之相类。程朱、陆王之学统，不幸而见篡于竖子，自兹以往，而宋明理学之末日至矣。

毛奇龄乘时得位，不及昆山、睢州、安溪，而挟其雕虫炙輠之才，行以狂悖恣肆之态，其戕贼学界，亦颇有力。全谢山著《毛检讨别传》，于其生平行谊，魑魅罔两，无遁形矣。毛自谓画江之役，曾预义师，实则以鼓琴阶进于保定伯毛有伦，事败遂亡匿。毛尝亡命为僧，自谓以选诗获罪，其实则杀人罪也。尝闻绪论于阎百诗及施愚山，窃其唾余以自炫，及夤缘预词科得检讨，乃仇阎、施。其著《古文尚书冤词》，专以强辩排百诗也，昔曾恩彼者，皆怨报之。既贵，弃其糟糠妇。妇尝对其门生张希良，尽发奇龄平生丑行，至不堪入耳云。

此皆全氏《鲒埼亭集》外编所记也。论者或谓奇龄为两橛人，犹未知其真相耳。彼其辩才既便给，记载既杂博，乃遍仇前哲，以文其小人无忌惮之行，肆口嫚骂，汉以后人，无一得免。而其所最切齿为宋人，宋人之中，所最切齿者为朱子。迹其所抨击，纯然市井无赖叫嚣者之所为，稍有学养者，未必为动。但承其时学风尊汉蔑宋之机已动，而遵毛氏之教，可以悉举名节闲检而荡弃之，而不失为大儒，其便学者之私图，孰有过是？上既有汤、李辈以伪君子相率，下复有奇龄等以真小人自豪，而皆负一世重名，以左右学界，清学之每下愈况也，复何怪焉，复何怪焉！后此袁枚、俞樾辈，皆直接汲毛氏之流，而间接受影响者，尚不可指数也。

自此以往，宋明学全绝，惟余经学考据，独专学界，烂然光华，遂入于近世第二期。

第二节 乾嘉间

吾论近世学派，谓其由演绎的进于归纳的，饶有科学之精神，且行分业之组织，而惜其仅用诸琐琐之考据。然则此学派之所以不尽其用者，原因何在乎？曰：是不一端，而时主之操纵其最也。自康、雍间屡兴文字狱，乾隆承之，周纳愈酷。论井田封建稍近经世先王之志者，往往获意外谴；乃至述怀感事，偶著之声歌，遂罹文网者，趾相属。又严结社讲学之禁，晚明流风余韵，销匿不敢复出现。学者举手投足，动遇荆棘，怀抱其才力智慧，无所复可用，乃骈辏于说经。昔传内廷演剧，触处忌讳，乃不得已专演《封神》《西游》牛鬼蛇神种种诡状，以求无过。本朝之治经术者亦然，销其脑力及其日力于故纸之丛，苟以逭死而已。进化学家言：诸动物之毛羽为特别彩色者，皆缘夫有所避，而假以自卫，淘汰久之，而彩异遂独发达。挽近汉学之昌明，禀兹例也。流风既播，则非是不见重于社会，幽眇相竞，忘其故矣。呜呼，斯学之敝中国久矣！顾以二百余年瑰材轶能之士之脑识所集注，固一代思想之渊海也，可以无记乎？

吾曾以桴亭、杨园比诸宋之泰山、徂徕，此言其学之相近耳。若以一代学界上位置论之，则阎、胡二子，可比孙、石；定宇、东原，其濂、洛也；高邮父子，其晦庵也。阎、胡为汉学祖，昆山亭林可谓祖之所自出。阎、胡之学实非传自昆山，但言汉学者多诵法昆山，故吾强名之。其俨然组织著学统者，实始乾隆朝，一曰吴派，一曰皖派。吴派开祖曰惠定宇栋。定宇之先有何义门焯、陈少章景云、沈归愚德潜，皆尚通洽，杂治经史文辞。定宇承其祖元龙周惕、父天牧士奇家学，益覃精经术，世称"吴中三惠"。定宇著《九经古义》《周易述》《明堂大道录》《古文尚书考》《左传补注》，皆精博有心得。其弟子最著者，曰江艮庭声、余古农萧客、王西庄鸣盛、钱竹汀大昕、王兰泉昶。艮庭为《尚书集注音疏》，古农为《古经解钩沉》，虽罕下己见，而搜讨之勤，有足称者。王、钱益推其术以治史学。西庄有《十七史商榷》，竹汀有《廿二史考异》，皆其支流也。兰泉著《金石萃编》，以金石释经者宗焉。教于扬州，则有汪容甫中、刘端临台拱，稍稍上证诸子。汪所著《述学》有《荀卿通论》，刘著《荀子补注》。古农弟子曰江郑堂藩，撰《国朝汉学师承记》，清儒家法流派，可得而稽焉，亦一学史也。皖派开祖曰戴东原震。东原生休宁，章炳麟氏谓休宁于江南为高原，其民勤苦善治生，故求学深邃，言直核而无蕴藉，盖地理感化使然也。清代汉学，阎、胡作之，惠氏衍之，戴氏成之。东原少受学婺源江慎修永，治小学、《礼经》、算术、舆地，皆深通，复从定宇游，传其学。著《东原集》《孟子字义疏证》《方言疏证》《考工记图》《声韵考》《声类表》《尔雅文字考》等，而关于历算、水地之著述犹多。其论学曰："经之至者道也，所以明道者辞也，所以成辞者字也。必由字以通其辞，由辞以通其道，乃可得之。"乾嘉间学者以识字为求学第一义，自戴氏始也。其乡里同学，有金辅之榜、程易畴瑶田，后有凌次仲廷堪及三胡匡衷、承珙、培翚，咸善治《礼》，而易畴尤明水地、声律、工艺、谷食之学，而皆取师资于东原。东原弟子著者曰任幼植大椿、卢抱经文弨、孔巽轩广森。幼植为《小学钩沉》。抱经专事校勘，《大戴记》《逸周书》《荀子》《方言》《释名》《春秋繁露》《白虎通》，皆所雠定，此外尚数种。古书自是可读焉。巽轩始治《公羊》，为言《公羊》学者之祖，然今文家弗善也。其尤著者曰金坛段若膺玉裁、高邮王怀祖念孙。若膺著《说文解字注》《六书音均表》，许学之渊薮也。怀祖著《广雅疏证》《经传释词》，以经传、诸子转相证明，凡诸古书文义诘籍者，悉迎刃而解。以授其子伯申引之，作《经义述闻》，训诂之学，至是圆满矣。近世俞荫甫樾为《古书疑义举例》，禀高邮学，而分别部居之。而最近则马眉叔建忠著《文通》，亦凭借高邮，眉叔著书时，余在上海，居相邻，往往有所商榷，知其取材于《经传释词》《古书疑义举例》者独多也。创前古未有之业。中国之有文典，自马氏始，推其所自出，则亦食戴学之赐也。当是时，天子方开四库馆以藻饰太平，而东原实总馆事。《四库书目提要》，其大部分出东原手，纪文达尸其名耳。彼之学既足以睥睨一世，而复祭酒于首善之区，以是戴氏学掩袭天下。清之汉学家，大率专事考据，不复与宋明儒者争席。惟东原著《孟子字义疏证》

及《原善》，以其心得者，以与新安、姚江争，则亦持之有故，言之成理。其言曰："君子之治天下也，使人各得其情，各遂其欲。……君子之自治也，情与欲使一于道义。"而极言无欲为异氏之学，谓遏欲之害，甚于防川焉。此其言颇有近于泰西近世所谓乐利主义者，不可谓非哲学派中一支流。虽然，人生而有欲，其天性矣，节之犹惧不蕆，而岂复劳戴氏之教猱升木为也。二百年来学者，记诵日博，而廉耻日丧，戴氏其与有罪矣。以上叙传授派别，颇采章氏《訄书》而增补之，且自下断案。著者附识。

吴、皖派别之说，出自江氏《汉学师承记》，而章氏辨之尤严。章氏谓吴学好博而尊闻，皖学综形名、任裁断，此其所以为异，谅也。虽然，东原固尝受学于惠氏，则吴、皖可云同源。戴之视惠，犹惠之视阎、胡也。故清之休宁，可比明之姚江。姚江出而举天下皆姚江学，即有他派，附庸而已。休宁亦然，乾嘉间休宁以外之学术，皆附庸也。虽然，其学实仅盛于江左。江左以外，各省学子，虽往往传习，然不能成家。其稍有系统之可言者，则孔巽轩以其学衍于山东，继起者有郝恂九懿行、桂未谷馥，皆卓然成一家言。侯君模康以其学衍于岭南，阮芸臺元督粤，创学海堂，辑刻《皇清经解》，于是其学风大播于吾粤。道、咸以降，江、浙衰而粤转盛。虽然，名家者无一焉。最著为陈兰甫澧，谬沟合汉、宋，以博创获之誉，其细已甚，而去戴学抑愈远矣。

其时以大人先生而鼓吹左右兹学最有力者，曰纪晓岚昀、阮芸臺元、毕秋帆沅，然皆不能自名其家，其著述或多假于食客之手，于学界殆不足道。而纪氏以佞幸处向、歆之地位，苟媚时主，微词尖语，颠倒黑白，于人心风俗所影响，固不细也。

惠、戴之学，固无益于人国，然为群经忠仆，使后此治国学者，省无量精力，其勤固不可诬也。二百年来诸大师，往往注毕生之力于一经，其疏注之宏博精确，诚有足与国学俱不朽者。于《易》则有惠氏栋之《周易述》，江氏藩之《周易述补》，张氏惠言之《周易虞氏义》；于《书》则有江氏声之《集注音疏》，王氏鸣盛之《后案》，孙氏星衍之《今古文注疏》；于《诗》则有马氏瑞辰之《传笺通释》，胡氏承珙之《后笺》，陈氏奂之《传疏》；于《礼》则有张氏惠言之《图》，胡氏培翚之《正义》；于《周礼》则有孙氏诒让，今人。之《正义》；于《春秋左氏传》则有刘氏文淇之正义；《公羊传》则有陈氏立之《义疏》；《穀梁传》则有钟氏文烝之《补注》；于《论语》则有刘氏宝楠之《正义》；于《孝经》则有皮氏锡瑞，今人。之《郑注疏》；于《尔雅》则有邵氏晋涵之《正义》，郝氏懿行之《义疏》；于《孟子》则有焦氏循之《正义》：类皆旷古绝作。盖取精多，用物宏，时代使然也。西谚曰："罗马非一日之罗马。"吾于陈硕甫之《毛诗》、胡竹村之《仪礼》、陈卓人之《公羊》、孙仲容之《周礼》见之矣。其在十三经以外者，则如孔氏广森之《大戴礼记补注》，龚氏丽正之《国语》疏，陈氏立之《白虎通疏证》，朱氏右曾之《逸周书校释》，其功皆足多焉。若段氏之《说文》，王氏之《广雅》，尤为兹学之中坚，前简论之，今不具也。

以上为乾嘉间学统之正派。

其时与惠、戴学树敌者曰桐城派。方东树著《汉学商兑》，抨击不遗余力，其文辞斐然，论锋敏锐，所攻者间亦中症结。虽然，汉学固可议，顾桐城一派，非能议汉学之人，其学亦非惠、戴敌，故往而辄败也。桐城派巨子，曰方望溪苞、姚姬传鼐。方、姚固文人，而自谓尸程朱之传，其实所自得者至浅薄。姬传与东原论学数抵牾，故经学家与文学家始交恶云。自宋欧阳庐陵有因文见道之说，厥后文士，往往自托于道学。平心论之，惠、戴之学，与方、姚之文，等无用也，而百年以往，国学史上之位置，方、姚视惠、戴何如哉？

自康、雍以还，号称以朱学名家者，若熊赐履、陈宏谋、陈鹏年、杨名时、朱轼、李绂、孙嘉淦，大率皆以高位负时望，承风者固以大儒之号奉之，实则于学界不有影响。盖宋学之微久矣，方、姚以后，益更不竞。其间惟王白田懋竑著《朱子年谱考异》，真治朱学者，一人而已。唐鉴著《国朝学案小识》，专持门户，而派别紊乱，文体拙劣，等诸自郐也。

复有浙东学派者，与吴派、皖派不相非，其精辟不逮，而致用过之。其源出于梨洲、季野，而尊史。其巨子曰邵二云晋涵、全谢山祖望、章实斋学诚。二云预修国史，以记诵之博闻天下，在国史馆中，先朝史册以数千计。总裁问以某事，答曰在某册第几页。百不失一云。江藩谓二云卒而江南之文献亡云。谢山于明末遗事，记载最详，故国之感，往往盈纸，南雷学统，此其一线也。实斋为《文史通义》，批郤导窾，虽刘子玄蔑以过也，其《校雠通义》，启研究周秦学之端矣。吾于诸派中宁尊浙东。

赵瓯北翼之《廿二史劄记》，其考据之部分，与西庄、辛楣相类，顾其采集论断，属辞比事，有足多者。其派宁近于浙东。或曰，其攘章实斋遗稿者过半云。无佐证，不敢妄以私德蔑前辈也。其余治史者多，率皆汲王、钱之流，不足道。

乾嘉间王学之绝已久，中间惟罗台山有高、汪爱庐缙、彭尺木绍升，独从王学入，而皆归宿于佛门。台山、尺木，尤勇猛精进，大澈大悟，彼时代之一异色也。其学不光大，影响盖微。

第三节　最近世

其最近数十年来，崛起之学术，与惠、戴争席，而骎骎相胜者，曰西汉今文之学。首倡之者为武进庄方耕存与，著《春秋正辞》。方耕与东原同时，相友善，然其学不相师也。戴学治经训，而博遍群经；庄学治经义，而约取《春秋公羊传》。东原弟子孔巽轩广森，虽尝为《公羊通义》，然不达今文家法，肤浅无条理，不足道也。方耕弟子刘申受逢禄，始颛主董仲舒、李育，为《公羊释例》，实为治今文学者不祧之祖。逮道光间，其学浸盛。最著者曰仁和龚定庵自珍，曰邵阳魏默深源。定庵有《文集》三卷，《续集》四卷。定庵，段茂堂外孙也，其小学多得自段氏，而经义则挹自庄、刘；又好治史，喜章实斋之学，言六经皆史；又学佛，欲排禅宗，衍教下三家。其思想盖甚复杂。然其于《春秋》盖有心得，能以恢诡渊眇之理想，证衍古谊。其于专制政体，疾之滋甚，集中屡叹恨焉。集中如《古史钩沉论》《乙丙之际箸议》《京师乐籍说》《尊任》《尊隐》《撰四等十仪》《壬癸之际胎观》等篇，皆颇明民权之义。其余东鳞西爪，全集往往见。又颇明社会主义，能知治本。龚集《平均篇》云："至极不祥之气，郁于天地之间，郁之久乃必发，为兵燹，为疫疠。（中略）其始不过贫富不相齐之为之尔，小不相齐，渐至大不相齐，大不相齐，则至丧天下。"此近世泰西社会学家言根本之观念也。当嘉、道间，举国醉梦于承平，而定庵忧之，傩然若不可终日，其察微之识，举世莫能及也。生网密之世，风议隐约，不能尽言，其文又瑰玮连犿，浅学或往往不得其指之所在。虽然，语近世思想自由之向导，必数定庵。吾见并世诸贤，其能为现今思想界放光明者，彼最初率崇拜定庵。当其始读《定庵集》，其脑识未有不受其激刺者也。夫以十年以来，欧美学澎湃输入，虽乳臭之子，其眇思醰说，皆能轶定庵，顾定庵生百年前而乃有此，未可以少年喜谤前辈也。然定庵憔悴牢落不得志，其道力不足以自胜，故细行多不检，其恶习影响于新学界者，亦有焉。

前此治今文者，则《春秋》而已，至魏默深乃推及它经，著《诗古微》《书古微》。《诗》主齐、鲁、韩，《书》主欧阳、大小夏侯，而排斥毛、郑，不遗余力。由今日视之，其无谓亦甚矣。然一家之言，不可诬也。余杭章氏谓齐、鲁、韩、欧阳、大小夏侯各有师法，故不一致，而齐、鲁、大小夏侯，尤相攻如仇。魏氏不知师法略例，一切混合，殊无条理。云云。是诚中魏氏之失。但今文经说中，虽互有歧异，然其歧异与今古文之歧异相比较，则异中仍从同也。譬之则如景教之新旧教，新教中派别数十，亦各相非，然以之与罗马旧教相比较，则新旧之异点甚大，而新派中之支派，其异点甚小也。不得以此遽抹煞魏氏学。魏氏又好言经世之术，为《海国图志》，奖厉国民对外之观念。其书在今日，不过束阁覆瓿之价值，然日本之平象山、吉田松阴、西乡隆盛辈，皆为其书所激刺，间接以演尊攘维新之活剧。不龟手之药一也，或以霸，或不免于洴澼絖，岂不然哉！

数新思想之萌蘖，其因缘固不得不远溯龚、魏。而二子皆治今文学，然则今文学与新思想之关系，果如是密切乎？曰是又不然。二子固非能纯治今文者，即今文学亦安得有尔许魔力？欲明其理，请征泰西。夫泰西古学复兴，遂开近世之治。谓希腊古学，果与近世科学、哲学，有不可离之关系乎？殆未必然。然铜山崩而洛钟应者，其机固若是也。凡社会思想，束缚于一途者既久，骤有人焉冲其藩篱而陷之，其所发明者，不必其遂有当于真理也，但使持之有故，言之成理，则自能震耸一般之耳目，而导以一线光明。此怀疑派所以与学界革命常相缘也。今文家言，一种之怀疑派也。二百年间支配全学界最有力之一旧说，举凡学子所孜孜焉以不得列宗门为耻者，而忽别树一帜以与之抗，此几一动，前之人所莫敢疑者，后之人乃竞起而疑之；疑之不已，而俶诡之论起焉；俶诡之论多，优胜劣败，真理斯出。故怀疑派之后，恒继以诡辩派，诡辩派之后，而学界革命遂成立。此征诸古今中外而皆然者也。今文之学，对于有清一代学术之中坚而怀疑者也。龚、魏及祖述龚、魏之徒，则近于诡辩者也，而我思想界亦自兹一变矣。今勿具论。

与龚、魏相先后而其学统有因缘者，则有若阳湖李申耆兆洛、长洲宋于庭翔凤、仁和邵位西懿辰。宋氏附会太过，支离太甚，不足以为巨子。李氏明算，长于地理，其治经则排斥《周官》特甚。邵氏则卓然一经师也。盖申耆始治今文《春秋》，默深始治今文《诗》、今文《书》，而位西则言今文《礼》，著《礼经通论》，以《逸礼》三十九篇为刘歆矫造。自是群经今文说皆出。而湘潭王壬秋闿运，壬秋弟子井研廖季平平，集其大成。王氏遍注群经，不断断于攻古文，而不得不推为今学大师。盖王氏以《公羊》说六经，《公羊》实今学中坚也。廖氏受师说而附益之，著书乃及百种，可谓不惮烦。其门人某著有《廖氏经学丛书百种解题》。又廖所著书，其目皆见于《光绪井研志》。而其说亦屡变，初言古文为周公，今文为孔子；次言今文为孔之真，古文为刘之伪；最后乃言今文为小统，古文为大统。其最后说，则戊戌以后，惧祸而支离之也。蚤岁实有所心得，俨然有开拓千古、推倒一时之概，晚节则几于自卖其学，进退失据矣。至乃牵合附会，撷拾六经字面上碎文只义，以比附泰西之译语，至不足道。

虽然，固集数十年来今学之大成者，好学深思之誉，不能没也。盖自今古之讼既兴，于是陈乔枞有《尚书欧阳夏侯遗说考》《今文尚书经说考》《三家诗遗说考》《齐诗翼氏学疏证》，陈立有《公羊义疏》，专凭西汉博士说以释经义者间出，逮廖氏而波澜壮阔极矣。

吾师南海康先生，少从学于同县朱子襄先生次琦。朱先生讲陆王学于举世不讲之日，而尤好言历史法制得失。其治经则综糅汉、宋、今、古，不言家法。康先生之治《公羊》治今文也，其渊源颇出自井研，不可诬也。然所治同，而所以治之者不同。畴昔治《公羊》者皆言例，南海则言义。惟牵于例，故还珠而买椟；惟究于义，故藏往而知来。以改制言《春秋》，以三世言《春秋》者，自南海也。改制之义立，则以为《春秋》者，绌君威而申人权，夷贵族而尚平等，去内竞而归统一，革习惯而尊法治。此南海之言也。畴昔吾国学子，对于法制之观念，有补苴，无更革；其对于政府之观念，有服从，有劝谏，无反抗。虽由霸者之积威，抑亦误学孔子，谓教义固如是也。南海则对于此种观念，施根本的疗治也。三世之义立，则以进化之理，释经世之志，遍读群书，而无所于阂，而导人以向后之希望，现在之义务。夫三世之义，自何邵公以来，久暗曶焉。南海之倡此，在达尔文主义未输入中国以前，不可谓非一大发明也。南海以其所怀抱，思以易天下，而知国人之思想，束缚既久，不可以猝易，则以其所尊信之人为鹄，就其所能解者而导之。此南海说经之微意也。而其影响波动，则既若此。近十年来，我思想界之发达，虽由时势所造成，由欧美科学所簸动，然谓南海学说无丝毫之功，虽极恶南海者，犹不能违心而为斯言也。南海之功安在？则亦解二千年来人心之缚，使之敢于怀疑，而导之以入思想自由之涂径而已。自兹以还，浏阳谭壮飞嗣同著《仁学》，乃举其冥想所得、实验所得、听受所得者，尽发之而无余，而思想界遂起一大革命。

挽近学界，对于孔子而试挑战者，颇不乏人。若孔子之为教主与非教主也，孔子在三千年来学界之功罪也，孔子与六家九流之优劣比较也，孔子与泰西今古尊哲之优劣比较也，莽然并起，为学界一大问题。顾无论或推尊之，或谤议之，要之其对于孔子之观念，以视十年前，划若鸿沟矣。何也？自董仲舒定一尊以来，以至康南海《孔子改制考》出世之日，学者之对于孔子，未有敢下评论者也。恰如人民对于神圣不可侵犯之君权，视为与我异位，无所容其思议，而及今乃始有研究君权之性质，拟议其长短得失者。夫至于取其性质而研究之，则不惟反对焉者之识想一变，即赞成焉者之识想亦一变矣。所谓脱羁轭而得自由者，其几即在此而已。

综举有清一代之学术，大抵述而无作，学而不思，故可谓之为思想最衰时代。虽然，剥与复相倚，其更化之机，章章然次第进行。通二百六十年间观察之，有不可思议之一理趣出焉，非人力所能为也。顺治、康熙间，承前明之遗，夏峰、梨洲、二曲诸贤，尚以王学教后辈，门生弟子遍天下，则明学实占学界第一之位置。然晚明伪王学猖狂之习，已为社会所厌倦，虽极力提倡，终不可以久存，故康熙中叶遂绝迹。时则考据家言，虽始萌芽，顾未能盛。而时主所好尚，学子所崇拜者，皆言程朱学者流也，则宋学占学界上第一之位置。顾亭林日劝学者读注疏，为汉学之先河。其时学者渐厌宋学之空疏武断，而未能悉折中于远古，于是借陆德明、孔冲远为向导，故六朝、三唐学实占学界上第一之位置。惠、戴学行，谓汉儒去古最近，适于为圣言通鞮象，一时靡其风，家称贾、马，人说许、郑，则东汉学占学界上第一之位置。庄、刘别兴，魏、邵继踵，谓晚出学说非真，而必溯源于西京博士之所传，于是标今文以自别于古，与乾嘉极盛之学派挑战。抑不徒今文家然也，陈硕甫作《诗疏》，亦申毛黜郑，同为古学，而必右远古，郑学日见掊击。而治文字者，亦往往据鼎彝遗文以纠叔重，则西汉学占学界第一之位置。乾嘉以还，学者多雠正先秦古籍，渐可得读。二十年来，南海言孔子改制创新教，且言周秦诸子皆改制创新教，见南海所著《孔子改制考》卷二、卷三。于是于孔教宗门以内，有游、夏、孟、荀异同优劣之比较；南海尊《礼运》"大同"义，谓传自子游，其衍为子思、孟子。《荀子·非十二子》篇，其非思、孟之言曰："以为仲尼、子游，为兹厚于后世。"是其证也。子夏传经，其与荀卿之渊源，见于《汉书·艺文志》。故南海谓子游受微言以传诸孟子，子夏受大义以传诸荀子；微言为太平世大同教，大义为升平世小康教。因此导入政治问题，美孟而剧荀，发明当由专制进为立宪、共和之理。其言有伦脊，先排古文以追孔子之大义，次排荀学以追孔子之微言，此南海所以与井研异也。井研为无意识之排古，南海则有所为而排之，以求达一高尚之目的也。谤者或以为是康教非孔教，顾《礼运》《孟子》《公羊传》之言，不可得削也。就令非孔教而为康所托，其托之也，则亦于社会上有绝大关系明矣。夫在今日，虽以小学校之学僮，固莫不口英美之政体，手卢、孟之著书矣。二十年前，昌言之者谁耶？知之者或多，昌之者惟一。或又曰：南海欲言则自言之耳，何必托于孔子？夫南海之于孔子，固心悦诚服者。谓彼为托，彼不任受也。抑亦思今日国中，闻立宪、共和之论而却走者，尚占大多数；二十年前，不引征先圣最有力之学说以为奥援，安能树一壁垒，与二千年之勍敌抗耶？孟子曰："知人论世。"乌可以今而例昔也！鄙人非阿其所好，顾以为今后之学界，对于南海，总当表谢意，此公言也。今之青年，能译读南海所未读之新书，能受习南海所未受之学说，固也，顾其所发明、所心得，吾犹未知视南海何如。以吾所见南海所著之《大同学》，其渊眇繁赜之理想，恐尚非今之青年所能几也。（南海在印度始写定之，吾今春在香港始见之。其通于世间、出世间而斟酌不二法门，实有不可思议者存。吾未能多读西书，就所已见者，则南海之书，犹为创说也。以太骇俗，且当今日政界、学界无秩序之时，发布之必更滋流弊，故只得秘之。其手写本今在顺德麦孟华所。）藉曰过之也，亦地位所宜然。二十年后后辈之视我等，亦犹我等视二十年之前辈也。不然，今日日本之学生，任举一人，其所稗贩之学说，岂不多于福泽谕吉耶？非吾敬南海而欲强国人以敬南海，即吾于南海之说，其不肯苟同者，固往往有焉矣，顾其惠我以思想界之感化者，则乌可忘也！吾以为吾辈对于前辈之学说，其有粗略者，则补助之；其有不同意者，则驳正之，皆应尽之义务也。若嚣嚣然挟其一得，相率以轻薄之言，横相讽刺，甚乃毛举细故，为人身之攻击，适见其敖而浇耳。孔子曰："民德归厚矣。"以不厚为学风，夫岂学界之吉祥善事耶？又近世新学者流，动辄以排孔为能。夫以支配二千年人心之一巨体，一旦开其思想自由之路，则其对之也，有矫枉过直之评论，是诚所难免。即鄙人于数年前保教之迷信，固亦弃掷之矣。虽然，日日掊击孔子，试问于学界前途果有益乎？夫今后国人之思想，其必不能复以二千年之古籍束缚之也，洞若观火矣。然则孔子学说，无论如何，断不能为今后进步之障，而攻之者岂复有所不得已者存也？彼狂妄少年，肆口嫚骂者，无伤于日月，不足道也。而一二魁儒之必与孔子为难者，则于旧伦理有所不满意，谓孔教以家族为单位，使我国久困宗法社会，不能入国民社会者孔子也；谓孔子假君主以威权，使二千年民贼，得利用之以为护符者孔子也。斯固然也，曾亦思"天下为公，选贤与能"，"不独亲其亲，不独子其子"，非孔子之言耶？在排孔者曷尝忘诸，顾隐而不言，而惟举其可难者以相难，则或有所为而亢世子法于伯禽，或侈其辩以为名高耳。夫二千年来之伦理，固一出于孔子小康教范围之内，而孔子著述言论，其属于小康范围者，十而八九，此无容讳者也。然谓此为孔子独一无二之教指，宁可谓乎？《春秋》必立三世，则何以故也？《礼运》岂不明言丘未之逮而有志也？试思孔子当日之社会，群雄角立，同族相竞，非希望得一强大之中央政府，何以为治？而社会结合力薄弱之时，家族制度，又安可阙也？孔子不欲导民以进化则已耳，苟其欲之，则安能躐小康之一阶级？故大同之义，只能微言之，虚悬以俟后圣，是得为孔子罪矣乎？我辈今日若以为小康之统，既积久而敝，不适于今也，则发其微言可耳。计不出此，而以国人最信仰之人物资敌，使民贼得盾焉，以号召中立党而弱我，吾未见其利，而先睹其害耳。且一民族之心理，必有所系，然后能结合而为有秩序之进步，今当青黄不接之交，学者方伥伥无适从，而先取一最有价值之人物而踣之，在立言者之意，曷尝不欲补偏救弊，弃短取长？其奈和之者必变本加厉，一啸而百吟，一趋而百奔，乃将曰：彼号为圣人、百世师者，其学识乃尚不及我，其训言安足信？其所谓道德之责任安足守？圣人、百世师且然，他更何论矣！呜呼，是岂不举天下而洪水猛兽之也？今者其机已大动矣，仁人君子，可无惧耶？美总统卢斯福演说尝有言，谓业报馆者，作煽动之文字，最受一般之欢迎，而于国家无益；作忠实之文字，最受一般之冷视，而国家终收良结果焉。（卢氏业报馆二十年，自道其经验。）吾以为排孔论与夫与排孔论同性质者，皆煽动之类也。鄙人昔者固尝好为之矣，今则宁受多数之冷视，不愿受无益之欢迎，亦欲与国中有言责者共商榷之。偶有所触，言之曼衍，与标题之旨，几为马牛风。读者谅其为忠实之言，不苟责焉，固所望也。于孔教宗门以外，有孔、老、墨及其他九流异同优劣之比较。凡所谓辨，悉从其朔，故先秦学占学界第一之位置。今更表列其变迁之状：

第一期	第二期	第三期	第四期
顺康间	雍乾嘉间	道咸同间	光绪间
程朱陆王问题	汉宋问题	今古文问题	孟荀问题、孔老墨问题

上表不过勉分时代，其实各期衔接掺杂，有相互之关系，非能划若鸿沟。读者勿刻舟求之。

　　由此观之，本朝二百年之学术，实取前此二千年之学术，倒影而缫演之，如剥春笋，愈剥而愈近里，如啖甘蔗，愈啖而愈有味，不可谓非一奇异之现象也。此现象谁造之？曰社会周遭种种因缘造之。凡一社会之秀异者，其聪明才力必有所用。用之于一方既久，则精华既竭，后起者无复自树立之余地，故思别辟新殖民地以骋其脑识。宋学极盛数百年，故受以汉学；汉学极盛数百年，故受以先秦。循兹例也，此通诸时代而皆同者也。其在前两期，则霸者之所以监民也至严，学者用其聪明才力于他途，或将以自焚，故不得不自锢于无用之用，此惠、戴所以代朱、王也。其在第三期，天下渐多事，监者稍稍弛，而国中方以治经为最高之名誉，学者犹以不附名经师为耻，故别出一途以自重。吾欲名惠、戴一派为纯正经学，名龚、魏一派为应用经学，虽似戏言，实确论也。其在第四期，则世变日亟，而与域外之交通大开。世变亟，则将穷思其所以致此之由，而对于现今社会根本的组织，起怀疑焉；交通开，则有他社会之思想输入以为比较，而激刺之、淬厉之。康、谭一派，所由起也。要而论之，此二百余年间，总可命为"古学复兴时代"。特其兴也，渐而非顿耳。然固俨然若一有机体之发达，至今日而葱葱郁郁，有方春之气焉。吾于我思想界之前途，抱无穷希望也。

道、咸、同间，今文学虽兴，而古文学尚不衰，往往有名
其家者，说详前节。治经之外，则金石一学，几以附庸蔚为大国。
郡国往往于山川得鼎彝，虽真赝间杂，然搜讨之勤，亦足多也。
西人治史者，皆以此为一重要之补助学科。前辈致力于此，为
将来撰国史者储材，致可感谢矣。如最近发见龟甲文字，可为
我民族与巴比伦同祖之一证，孰谓其玩物丧志也耶？咸、同间
好之者遍天下，而福山王廉生懿荣、吴县潘伯寅祖荫、满洲盛
伯熙昱，最名其家。又古佚书亦史学补助学科所必需。挽近以
来，辑佚学大盛，亦为后史造资料。最博备者，则乌程严景文
可均之《全上古三代汉魏文》，历城马竹吾国翰之《玉函山房辑
佚书》。自龚定庵好言佛，而近今学界代表之数君子，大率与
定庵有渊源，故亦皆治佛学，如南海、壮飞及钱塘夏穗卿曾佑
其人也。虽由其根器深厚，或其所证过于定庵，要之定庵为其
导师，吾能知之。定庵与学界之关系，诚复杂哉！

天算之学，自王寅旭、梅定九大启其绪，尔后经师殆莫不
明算，故诸实用科学中，此为独盛。阮氏元《畴人传》，罗氏士
琳《畴人传补》，备载之。咸、同间，则海宁李壬叔善兰、金匮
华若汀蘅芳，最名家。壬叔续译成《几何原本》，若汀译《奈端
数理》，未卒业。若汀先生，于丁酉冬，以其所译《奈端数理》，属鄙
人使校印之。未印而戊戌之难作，行箧书物悉散佚，兹编与焉。七年来，
耿耿负疚，不能去怀。微闻此编未遭浩劫，为竞卖者所得，未知今归谁
氏。海内君子，有藏之者，幸付梓人，公之于世。既以惠我学界，亦使
鄙人对于译者，得赎重咎也。

海禁既开，译事萌蘖。游学欧美者，亦以百数，然无分毫
影响于学界。惟侯官严几道复，译赫胥黎《天演论》、斯密亚
丹《原富》等书，大苏润思想界。十年来思想之丕变，严氏大

有力焉。顾日本庆应至明治初元，仅数年间，而泰西新学，披靡全国。我国阅四五十年，而仅得独一无二之严氏，虽曰政府不良，有以窒之，而士之学于海外者，毋亦太负祖国耶？戊戌、庚子以还，日本江户，为懋迁新思想之一孔道。逾海负笈，月以百计，学生阗黉塾，译本如鲫鱼，言论惊老宿，声势慑政府。自今以往，思想界之革命，沛乎莫之能御矣。今始萌芽，虽庞杂不可方物，莫能成一家言，顾吾侪今日，只能对于后辈而尽播种之义务，耘之获之，自有人焉。但使国不亡，则新政府建立后二十年，必将有放大光明、持大名誉于全世界学界者。吾诹诸我先民，吾能信之。虽然，吾更欲有一言：近顷悲观者流，见新学小生之吐弃国学，惧国学之从此而消灭。吾不此之惧也。但使外学之输入者果昌，则其间接之影响，必使吾国学别添活气，吾敢断言也。但今日欲使外学之真精神，普及于祖国，则当转输之任者，必遂于国学，然后能收其效。以严氏与其他留学欧美之学僮相比较，其明效大验矣。此吾所以汲汲欲以国学为我青年劝也。

丛书目录·第一辑（已出）

丛书目录·第二辑（待出）